高橋和夫

JN230058

イスラム国の野望

GS
幻冬舎新書
369

はじめに

2014年6月、イラク・シリアの両国にまたがって急速に勢力を拡大していたイスラム過激派の一組織が「イスラム国」の樹立を宣言しました。

もちろん勝手に「国」と名乗っているだけで、正式な国家ではありませんが、世界的にイスラム教徒の人口が増え、その影響力が増すなかで、全イスラム教徒の代表を自称する国家の樹立が宣言されたことは、世界中に大きな衝撃を与えました。

多くの人々が、イスラム国と聞いてまず思うのは、その残虐さでしょう。

拉致したアメリカ人ジャーナリストやイギリス人のNGO関係者の首を切って殺害する様子は、動画としてインターネット上で公開されました。

また、現地ではマイノリティの女性の「奴隷化」や子どもの誘拐が組織だって行われ、世界中から非難を浴びています。

ニュースでも、脱走しようとした外国人兵士が多数殺害されたとか、喫煙していた民間人が指を折られたなど、イスラム国の残酷な行為は連日のように報じられています。

しかし、この「国」は、単にテロ行為や恐怖政治によってだけで、勢力を拡大し支配を維持しているわけではありません。

なぜ活動資金を得られるのか。

なぜイスラム国の兵士になることを志願して、世界中から若者が集まるのか。

なぜ欧米を中心とした有志連合による空爆が行われているのに、倒せないのか。

これらは、恐怖政治を敷いているから、兵力が強いからといったことだけでは、説明ができません。

なぜイスラム国が登場し、なぜ世界中がこれを脅威とみなしているのかを理解するには、現状と歴史的背景の両方を、立体的に見る必要があります。

とはいえ、ここ数十年の歴史をさかのぼっても、中東地域は、世界有数の紛争多発地域で、多くの国、民族、宗教組織の対立がからみあい、その全体像を把握するのはなかなか難しいのも事実です。

そこで本書では、複雑な枝葉の部分をできるだけ省略し、大事なポイントだけを絞りに絞って、最大限にシンプルな解説をするよう心がけました。

本書がイスラム国登場の背景と意味を考えるきっかけになればと願っています。イスラムと中東問題は、今後とも国際情勢を左右するでしょう。刊行の最終作業をしていた2015年1月にも、パリでイスラム過激派による連続テロ事件が起きました。本書が、その理解の一助となれば幸いです。それが著者の「野望」です。

＊なお、「イスラム国」は正式な国家ではないのでカギカッコつきで表記するのが適切だと考えますが、本書では煩雑さを避けるため、基本的にカギカッコを省略していることをご了承ください。

イスラム国の野望／目次

第2章 イスラム国とは何なのか 47

第4章　イスラム過激派とは何者か　103

第5章 イスラム国と国際情勢 139

第6章 イスラム国はいつまでもつか 165

編集協力　小沼朝生
図版作成・DTP　美創

第1章 イスラム国、急拡大の背景

イラク戦争でフセイン体制が崩壊

現在、イスラム国はイラクとシリアのかなりの部分を支配しています。彼らは短期間のうちになぜそこまで勢力を拡大できたのでしょうか。

それにはまず、2000年代のイラクの動きからお話ししていく必要があります。

2003年3月、大量破壊兵器を保有している疑いのあったイラクに対し、アメリカなどが軍事介入しました。いわゆるイラク戦争の始まりです。

イラクが大量破壊兵器を隠し持っていると考えていたのはアメリカのみではありません。イギリス、ドイツ、フランス、ロシアなどの諜報機関もそう信じていました。独仏露は、十分に時間をかけて査察すれば大量破壊兵器を発見できると考えていました。

しかし結局は、事を急ぎたいアメリカとイギリスが、イラクを攻撃する正当性を欠いたまま、イラク戦争に踏み切ります。長期間の空爆の後に陸上作戦を始めた湾岸戦争とは異なり、アメリカ軍とイギリス軍は空陸でほぼ同時に攻撃を開始しました。

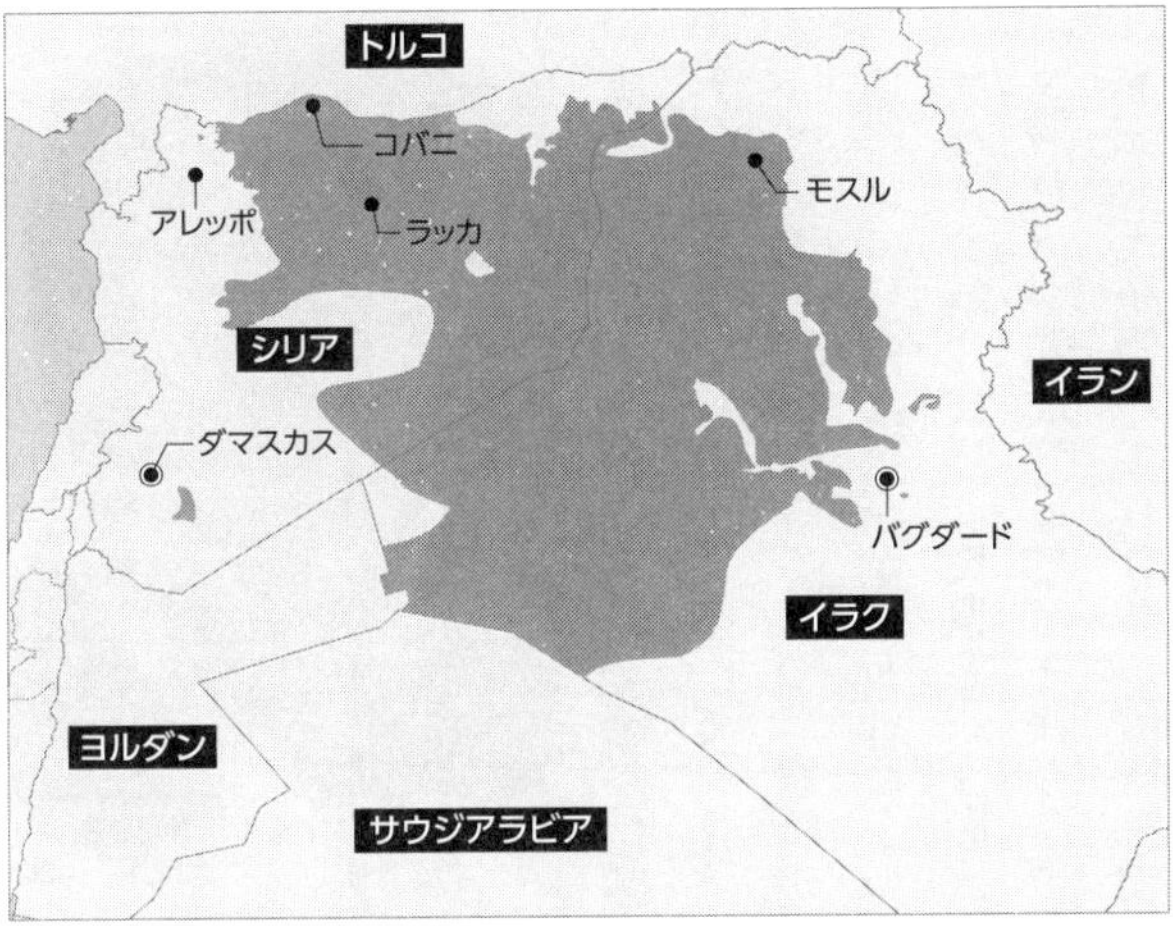

イスラム国が事実上支配している地域（グレー部分　2014年12月現在）

初期段階で予想外の抵抗に苦戦する場面もありましたが、有志連合軍は南部から速いスピードで北上し、4月の初旬には首都バグダードを占領しました。続いてサダム・フセインの出身地であるティクリートを陥落させました。

そして、5月の初めにはブッシュ大統領が大規模な戦闘の終結宣言を行ったのです。

メソポタミア初、シーア派政権の誕生

アメリカは、イラクの民主化を旗印にフセイン体制を崩壊させました。しかし民主化への過程は順調ではありませんでした。

バグダードの陥落から1年以上経った2

サダム・フセイン元イラク大統領
（ロイター＝共同）

００４年6月になって、やっとイラク暫定政府が成立。同政府の管理下で、２００５年1月に暫定国民議会選挙が実施されました。

この議会は、正式な選挙の前提となる新憲法の起草を職務としていました。そして同年10月、憲法草案が国民投票にかけられ批准されます。

12月には、この憲法下で正式な国民議会選挙が実施され、民主的な手順を踏んだ議会と政府が誕生しました。２００５年にイラク国民が行った3回の投票によって、イラク史は新しい段階に入ったのです。

一連の選挙には大きく2つの意味がありました。
第一は、自由な選挙が行われたという事実です。

フセイン時代には、投票という形式こそとっていましたが、選挙は実質的には体制への忠誠を示す儀式でした。それもひどく極端な儀式で、２００２年の大統領選挙では、フセイン大統領が１００％の信任を受けたと政府が発表したほどでした。

第二は、シーア派が勝利を収めたという点です。

イラクは北部のクルド人、中部のアラブ人のスンニー派、南部のアラブ人のシーア派という3つに勢力が分かれています。その中で、伝統的にイラクを支配してきたのは、人口の2割を占めるにすぎない、スンニー派のアラブ人です。

イラクはかつて、オスマン帝国という大国の一部でした。オスマン帝国軍の将校団の大部を占め、国の支配層を形成していたのがスンニー派でした。軍を支配した者が権力を握るというのは、中東全体を貫く構図です。

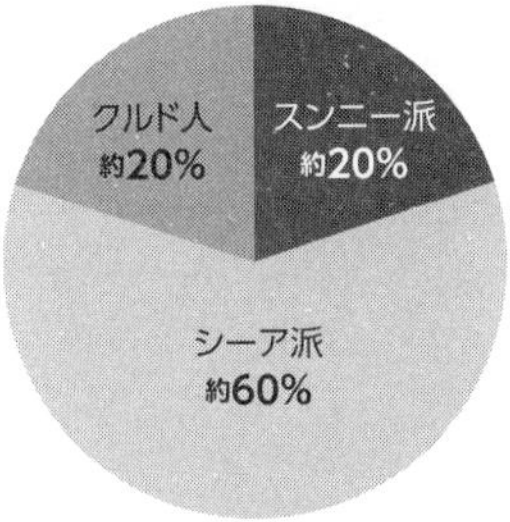

イラクのイスラム教宗派・民族分布

第一次世界大戦でオスマン帝国がイギリスとフランスに敗れ、1918年に、現在のイラクにあたる地域がイギリスの統治下に置かれた後も、そのままスンニー派の優位は続きました。

イギリスの支配下で、王制国家であるイラクが誕生します。その後、1958年に軍事クーデターが起きてイラク共和国が成立しました。しかし、軍隊はスンニー派が握っているので、政権は自動的にスンニー派となります。そのようにして、独裁者サダム・フセインが失脚するまで、一貫してスンニー派が権力を独占してきたのです。

しかし、人口比で見れば、イラクのスンニー派は2割にすぎません。残りの6割はシーア派、2割はクルド人です。民主的な選挙を行えば、多数派のシーア派が議会で多数を占めるのは当然のことです。

その結果、2005年の国民議会選挙によって、イラク国家の成立以来初めて、もっと大げさに言えば1400年前のスンニー派とシーア派の分裂以来、メソポタミアで初めて、シーア派が権力を掌握することになったのでした。

スンニー派、シーア派とは何か

そもそもスンニー派とシーア派とは、イスラム教の2大宗派です。イスラム教全体の勢力図で言えば、約9割がスンニー派、約1割がシーア派です。

両者の違いの起源は、イスラム教の開祖ムハンマドの後継者「カリフ」をどうとらえるかという点にあります。

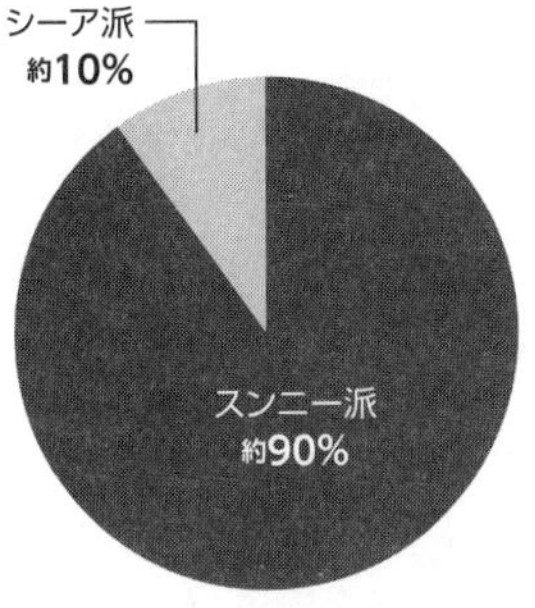

イスラム教全体の宗派分布

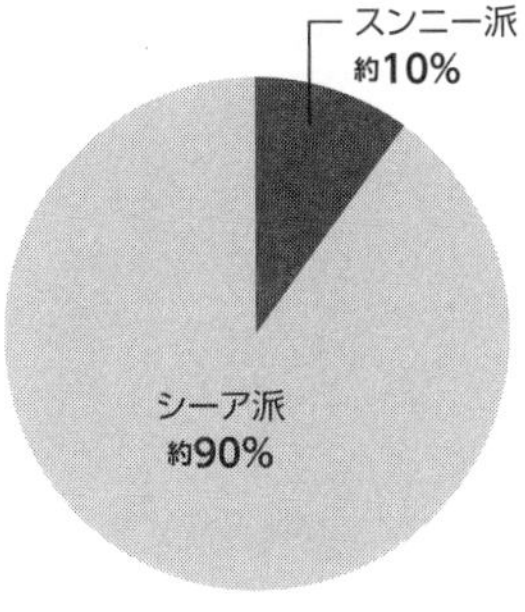

イランのイスラム教宗派分布

ムハンマドの初代後継者となったカリフは、アブー・バクルという人物です。その次がウマル、次がウスマーン、次がアリーです。このアブー・バクル↓ウマル↓ウスマーン↓アリーという流れを正統と考えているのが、スンニー派です。

他方、シーア派は最初からアリーが後継者になるべきだったと考えており、間の3人はそれを不当に横取りした人物とされています。

ですから、イスラム諸国で名前を尋ね、アブー・バクル、ウマル、ウスマーンという名前が出てきたら、すぐにスンニー派とわかります。シーア派の人たちは絶対にこの名前を使いません。

教義については、アッラーやムハンマドへの信仰という基本的なことは、スンニー派もシーア派も変わりません。野球にたとえて言えば、ピッチャーがいて、キャッチャーがいてという大枠は同じものの、ストライク・ゾーンが少し違うという感じでしょうか。

なお、シーア派の中でもいくつかの派があります。最も多数派なのが「十二人派」と言われる人たちです。アリーの後、12代目まで正統な後継者が続き、しかも12人目は亡くなったのではなく、お隠れになっただけとしています。世の終わりにはその人がメシアとして現れるため、それを待っているという信仰です。

なかには5人しか認めない、7人しか認めないといった宗派もあれば、その中のイスマイルという人が一番偉いとするイスマイル派などもあります。

現在、シーア派が最も多いのはイランです。国民の9割がシーア派、1割がスンニー派ですので、イスラム教徒全体の割合とは逆です。

イランはシーア派への改宗を積極的に進めており、イスラム世界から反発されています。たとえば、インドネシアは伝統的にスンニー派が多い国ですが、イラン政府は奨学金を与えてインドネシア人を留学させ、シーア派になるよう促すなどしているようです。

政情不安がますます進む

さて、形の上では民主化が進展したイラクですが、治安はまったく安定しませんでした。

一時期には、約200万人が難民となって、隣国のヨルダンやシリアに流入しました。さらに約200万人が国内で難民となりました。合計で約400万人です。イラクの総人口は約3500万人です。つまり、人口の1割以上が家を離れて難民になった計算になります。それほど治安が悪かったのです。

イラク国民の大半はフセイン体制の崩壊を歓迎するはずであり、実際、歓迎していました。にもかかわらず、いったい何が治安を悪化させたのでしょうか。

元凶になったのは、アメリカの脱バアス党政策です。

バアス党とは、1968年からイラクを35年間にわたって支配してきた、サダム・フセインが率いる政党です。

「バアス」とはアラビア語で「ミッション」、つまり「使命」という意味です。どのような使命かというと、アラブ世界を統一し、アラブの栄光をもう一度取り戻すこと。つまり、アラブ統一運動を目指す政党です。

　バアス党の誕生はかなり古く、20世紀初頭には基本的な政治信条が形成されていました。すでに1940年代にはシリアで「アラブ社会主義バアス党」が発足し、本格的な活動を開始しています。続いてイラクでもバアス党が結成され活動を開始します。ちなみに、シリアとイラクのバアス党は、同じアラブ統一の大義を掲げながら、犬猿の仲でした。

　イラクでは1968年に、バアス党がクーデターで政権を握ります。党内ではサダム・フセインが出世して独裁者となり、バアス党は、その独裁体制の基盤となっていました。

　そのため、フセイン政権を倒したアメリカは、当然のことですが、まずバアス党を解体しました。同時に軍や警察など、バアス党が支配に利用した組織もすべて解体してしまいました。

　軍や警察が解体されれば、たちまち100万人単位の人々が失業し、その家族が生活に窮します。また、それまでずっと虐げられてきた数の上では多数派のシーア派の人たちが、支配層を形成していたスンニー派を迫害するなどの事態も出てきました。

フセイン体制下では、バアス党員でなければ出世は望めませんでした。高度の教育を受けるにも、留学するにも、管理職になるにも党員のほうが有利でした。

したがって、イラクで何らかの専門技術を持った人間の大半はバアス党関係者です。この人たちをすべて排除すれば、当然のことながら、社会機能がマヒします。

こうして、旧バアス党員やスンニー派の人たちが不満を募らせ、アメリカへの抵抗運動に立ち上がりました。そこにアルカーイダのような外部から入ってきた集団も加わりました。

この2大集団がアメリカへの主たる抵抗勢力となり、イラクの政情不安をもたらしたのです。

ペトレイアスが現場に復帰

このようにして、イラクは2006年頃まで、内戦状態でした。アメリカ軍はもはや撤退を検討し始めていましたが、ブッシュ大統領はもう一勝負かけようということで、

２００７年１月に増派に踏みきります。

そのとき責任者に任命されたのが、デヴィッド・ペトレイアスという将軍です。

ちなみに、そのときの増派は英語で「surge（サージ）」と言います。これは「一時的に増やす」というニュアンスです。「とりあえず」といった雰囲気だったのです。

アメリカ中央軍司令官デヴィッド・ペトレイアス将軍　（EPA＝時事）

ところが、ペトレイアスは見事にイラクを安定に導きました。なぜそんなことが可能だったのでしょうか。

１９６０年代から70年代にかけて、アメリカ軍はベトナム戦争で手痛い目にあいました。戦争の目的がはっきりせず、国民のコンセンサスが得られないまま介入したことから、国内外から多くの批判も受けました。

そこで、ベトナム戦争で負傷した経験を持つパウエル将軍は、「パウエル・ドクトリン」と言われる軍事改革を断行します。すなわち、大義のない戦争はしないこと、国民のコンセンサスを得てから介入すること、やるなら一気呵成《いっきかせい》に攻撃をしかけること、終わったらすぐに撤退すること、などの軍事戦略の転換を図ったのです。

1991年、イラクのクウェート侵攻をきっかけに始まった湾岸戦争は、その戦略を実践した一例です。イラク戦争でも当初はそのような戦略がとられ、ベトナム戦争で展開されたようなゲリラ戦などは、まったく想定していませんでした。

「心をつかむ」作戦への転換

しかし、ペトレイアスは「パウエル・ドクトリン」とは逆の考え方をとりました。もはやこの世界に、アメリカ軍に正面から攻撃をしかけてくるような愚か者はいない。これからの戦争はアルカーイダのように、実態がよくわからない連中がテロやゲリラ戦のような戦いを挑んでくる。したがって、ゲリラ戦をしっかり勉強すべきと主張したのです。

ペトレイアスの少し上の世代は、冷戦時代に将軍になった人たちです。彼らが受けてきた訓練は、ソ連軍と正面衝突したときにどうやって勝つかといった、いわば正規軍同

ペトレイアスが編集責任者となって改訂した『アメリカ陸海軍 対反乱フィールドマニュアル』

士の戦い方でした。

しかし、冷戦後に昇進してきた新世代のペトレイアスは、もうそんな戦争はないのだと主張し、ゲリラ戦や、ゲリラになりそうな現地人への対応を重視します。

実際、２００３年にイラク戦争が始まった当初にペトレイアスが派遣された地域は、早くから治安が安定して注目されました。

そこで彼は、帰国後に、ゲリラ戦のための新しいマニュアル作りをまかされます。この対ゲリラ戦マニュアルは何百万回もダウンロードされ、アメリカ軍人なら誰もが目を通していると言っていいほどです。また、アルカーイダやターリバーンの基地からも見つかっています。アメリカがどんな作戦で攻撃してくるかを研究するためでしょう。

では、何が書いてあるかというと、まず基本は敵を殺さないこと。殺しても、その家族が敵になるだけなので、殺さずに心をつかめとマニュアルは教えます。

また、あまり銃弾を撃たないこと。もったいないですし、これもまた敵を増やすだけだからです。その代わりに金をばらまき、買収できる人間はみんな買収しなさいと説きます。

あるいは、アラビア語の通訳を使うときには必ず自分の側に立たせなさいと言います。通訳が双方の間に立つと、お互いに通訳に向かって話すため、目を合わせないからです。現地人とは、きちんと目を見て話しなさいというわけです。

アメリカ人はマニュアル作りが得意ですから、マクドナルドさながらに、そういったことが事細かに書いてあります。

歩け歩け作戦でイラク人と交わる

そんなマニュアルの編集責任者でしたので、ペトレイアスが指揮官となって、再び現地に派遣されたのは当然でした。

その戦略では、民衆の心をつかむのが重要な目標なので、まずは現地人みんなと会話をするように命令し、軍事車輛での街のパトロールなどを控えさせます。

それまでアメリカ軍の兵隊はサングラス姿で銃をかまえ、戦車から見下ろすようにして走り回っていました。相手の攻撃が怖いからです。

しかし、それでは民衆にとっては、火星人の襲来というか、いかにも占領軍が制圧しているようにしか感じられません。

そこでペトレイアスは、車輛から降りて歩けと命令します。歩いていたら撃たれる恐れがありますから兵隊は嫌なのですが、将軍はゆずりません。

毎日同じ場所を歩き、民衆と目線を合わせて会話をする。「今日も暑いですね」でかまわないから、声をかける。「イラクだから暑いに決まってる」と返されるだけでもいい。ときにはお茶でも飲んだり、できれば一緒にパンを食べる。子どもを抱っこする。

そのようにして少しずつ民衆の心をつかめと言うのです。そうやって友だちになれば、なかにはゲリラが嫌いな人もいますので、誰が危険人物かを教えてくれるようになるかもしれません。

手本を示すため、自らデモンストレーションとして街を歩き回りました。しかも、ヘルメットをつけずに行動し、街の安全を強調したのです。

小さな前線基地で民衆を守る

そしてもうひとつ。ペトレイアスは、基地を大きなものから小さなものに転換します。当時の平均的なアメリカ軍基地はかなり大規模なもので、マクドナルドやケンタッキーがあってもおかしくない世界です。一日の任務を終えて戦地から帰ってきたら、そこは豊かで安全な小アメリカです。

しかし、民衆はそういうわけにいきません。もしアメリカ軍に協力したことがバレたら、兵隊がいなくなった夜間に、ゲリラに報復され殺される恐れもあります。

そこで、ペトレイアスは大きな基地を作らず、小さな前線基地を作って、アメリカ兵が民衆の中に居住するようにしました。大規模店舗ではなく、コンビニがあちこちにあるような感じです。

もちろん、それだけ規模が小さいと、狙われたときに全滅する恐れがあるため、非常に危険です。しかし、アメリカ軍が民衆を24時間365日守らない限り、民衆はゲリラが怖くてアメリカ軍に協力しようとは思いません。ペトレイアスは、民衆はアメリカ軍が一緒にいてくれると思うから協力してくれるのだと主張し、改革を断行していきました。

これらの作戦を実施したところ、当然ですが当初は犠牲者が増加しました。アメリカ兵の月別死者数を見ると、2007年3月は80名前後だったのが6月には120名以上にまで増加しています。

しかし、そこからしだいに減少し、翌年1月には、アメリカ軍の死者数は20名程度にまで減っています。それだけでなく、イラク人の死者数も劇的に減りました。

同時にペトレイアスは、下水道や電気などのインフラ整備、ゴミの収集、店舗を再開するための資金提供など、多彩な民政事業を行って民衆の心をつかんでいきました。言ってみれば、弾を撃つよりドブ板活動を重視した将軍だったわけです。

スンニー派を懐柔し治安安定

さらにペトレイアスは、スンニー派の懐柔策に出ます。

先ほどお話しした通り、アメリカ軍に抵抗していたのはイラク人のスンニー派と、アルカーイダのような外部勢力です。

同じ抵抗勢力ではあるのですが、イスラム過激派と称されるアルカーイダのような外部勢力は、極端なイスラム教の解釈に従い、酒を飲むな、女性は顔を隠せといった面倒なことを言います。

スンニー派の人たちはそれほど宗教的な人ばかりではありませんし、外国人にそんなことを言われたらおもしろくありません。ですから、両者は仲が悪かったのです。

ペトレイアスはそこに着目し、スンニー派は買収できると考えました。

スンニー派が抵抗するのは、失業して仕事がないからです。アルカーイダに月100ドルもらってゲリラに加わっているならば、それより高額な給与を支払ってアメリカ軍が雇えばいいだけの話です。

ペトレイアスはそれを敢行し、「イラクの息子たち」という組織名をつけて、約10万人ものスンニー派を抱きこみました。

給与は月200〜300ドルと言われています。300ドル×10万人＝3000万ドルという金を毎月つぎこみ、治安維持にあたったのです。

この作戦は見事に成功し、イラクの治安はとても安定しました。それまで10万人いた泥棒が、みんな警察官になったようなものですから、当然と言えば当然です。

こうしてペトレイアスは、2010年頃までイラクを安定に導きました。イラク戦争は英雄のいなかった戦争ですが、ペトレイアスは末期に唯一出てきたスターです。

その成功により、大統領候補との下馬評が噂された時期もありました。オバマ大統領がペトレイアスをCIA長官に任命したのは、共和党からの出馬を防ぐためとの見方も一部にはありました。事実、メディア王のルパート・マードック氏などは、資金援助を約束して、ペトレイアスに共和党からの出馬を要請していました。マードックはフォックス・ニュースという、共和党の宣伝局のようなテレビ・ネットワークの経営者です。

結局ペトレイアスが大統領選に出馬しなかったのは、女性問題があったからと言われています。そして、2012年には不倫が暴露されて、CIA長官を辞任することになりました。

シーア派の失策でイスラム国が台頭

さて、問題なのはここからです。

ペトレイアスの功績によりひとまず治安安定を果たしたアメリカ軍は、2011年にイラクから撤退します。

するとシーア派のマリキ政権は、「イラクの息子たち」として雇っていた10万人のスンニー派を解雇してしまいました。マリキ首相はシーア派以外は信用しない人物だったのです。

当然のことながら、スンニー派の間には不満が渦巻き、そこにまた、外部から入ってきた勢力が接近しました。それが今回は、シリアで成長したスンニー派系のイスラム過激派・イスラム国のメンバーでした。

その結果、イラク、シリアにまたがるイスラム過激派の巨大勢力が誕生したのです。

これはシーア派の政権が愚かすぎたとしか言いようがありません。アメリカ軍は、イラク中央政府軍をシーア派・スンニー派の両派で構成しようと努力していました。しかし、マリキ首相は、スンニー派を恐れて、政府軍をシーア派だけで固めます。

さらに、マリキ首相は、シーア派の中でも、自分におもねる人間ばかり軍幹部に登用するなどしました。その多くが無能かつ無責任でした。結果的にどうなったか。無能な軍幹部は、反乱を前にして兵士を見捨てて逃亡し、イラク中央政府軍はスンニー派地域で壊滅してしまいました。

ですから、イスラム国がここまで台頭したのは、彼らが強かったというよりは、イラク中央政府がまったくダメだったという面が大きいのです。

「アラブの春」から「シリア騒乱」へ

続いてシリアを見ていきましょう。

1970年から2000年までは、前アサド大統領が政権を担いました。その死去により、息子である現アサド大統領が後を継ぎ現在に至ります。北朝鮮と同じような体制です。

現在のアサド大統領は政治家になるつもりはなく、ロンドンで眼科医をしていました。しかし、後継者だった兄が交通事故で死去したため、急きょ帰国して士官学校に入り、後を継いだという経緯があります。

余談ですが、アサド大統領の奥さんはかなりの美人で、内戦が始まる寸前には有名ファッション誌の『ヴォーグ』が特集を組んだくらいです。

さて、シリアは秘密警察の力が強く、治安はしっかりした国でした。「アサド」の悪口は現地では日本人の間でもタブーで、日本人同士の会話でも大統領を話題にするときは、「アサちゃん」とか「おじさん」などと呼んでいました。そのような恐怖政治的側面はあったのですが、社会情勢はひとまず安定していました。

ところが、2010年に北アフリカのチュニジアで反政府運動が始まり、これがまたたく間にアラブ世界に広がります。「アラブの春」と言われる運動です。

シリアの現アサド大統領
（ロイター＝共同）

翌年にはシリアにもそれが拡大し、大規模な民主化要求運動が発生しました。当初はわりあい平和的な運動だったのですが、アサド政権は軍隊を出動させ、デモ隊を弾圧します。

いったん軍が民衆に銃を向けてしまうと、もうデモ隊も戦うしかありません。そこで内戦が始まり、現在も戦闘状態が続いています。

少数派アラウィーが多数派スンニーを支配

アサド政権は、なぜ国民に銃を向けたのでしょうか。これにもじつはイスラム教の宗派対立がからんでいます。

シリアの人口は約7割がスンニー派ですが、国を支配していたのは、アラウィー派と言われる人々です。人口比で1割程度の少数派です。したがって、民主化して普通選挙を実施することになれば、当然アラウィー派は権力を失います。それを避けるため、政権は徹底的に改革派を弾圧したのです。

残り2割の少数派、すなわちシーア派やキリスト教徒などは、ぴったりとアサド政権側に寄り添っています。アサド政権が倒れると、イスラム過激派が権力を握って自分たちの生活を脅かすと考えているからです。

1割の人が7割の人を押さえつけるという構造なので、相当むごいこともしないと政権運営ができません。そのため、秘密警察で国民を見張り、政権批判をすれば拷問、それでも批判を続ける人は殺害という、独裁者の常套手段でやってきました。

しかしこれは同時に、いったん権力を手放したら、今度は自分たちが仕返しされるということです。そのため、アサド政権側は、絶対に権力を手放すわけにはいかないと、ますます国民に対する締め付けを厳しくします。

アパルトヘイト時代の南アフリカ共和国では、反体制的な黒人を弾圧するという歴史が長く続きました。ネルソン・マンデラも長年にわたり収監されていました。しかしマンデラは、政権を握ると、そうした過去をすべて赦《ゆる》し、白人に復讐しようとしませんでした。それまでのことはすべて水に流して、みんなで再スタートを切りました。

シリアもそうできれば理想的なのですが、かなり難しいようです。

アサド政権と戦っているイスラム急進派の指導者に、「勝ったらアラウィー派をどう扱うのか？」とメディアが尋ねると、「決まってるじゃないか、皆殺しにしてミンチ

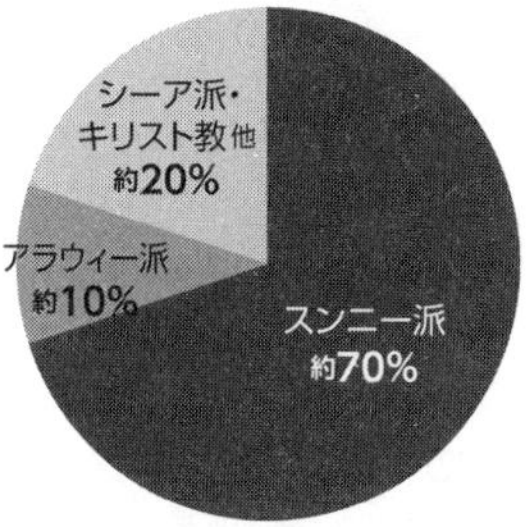

シリアのイスラム教宗派・民族分布

肉にして食うんだよ」などと平気で言います。

それはたんなる脅しではなく、YouTubeなどを見ると正視に耐えない映像がたくさんアップされています。もちろん、アサド政権側の人間も見るでしょうから、権力を手放すことへの恐怖感たるや相当なものでしょう。ですから、反政府勢力に対する譲歩は心理的にも難しく、全滅するまで戦い続ける覚悟でしょう。シリア内戦の核心は、この、アラウィー派が抱いている恐怖感だと私は考えています。

権力闘争に残虐性はつきもの

なお、専門家の間には、シリアの内戦を、単純にアラウィー派vs.スンニー派という構図で語るべきではないという意見もあります。

たしかに、アラウィー派を支持しているスンニー派もたくさんいますし、実際にアサド政権下で恩恵をこうむっているスンニー派の人たちもいます。

ただし、反アサド勢力の中に、アラウィー派の有力者の姿は見かけられません。また、多くのシリア人が、アサド体制をアラウィー派の支配だと見なしているという事実も重要です。

スンニー派の人たちは、よく民主化運動を起こしたなと思います。前アサド政権の1970年代には、ある都市が蜂起したものの皆殺しにされ、都市自体がブルドーザーで破壊されてしまうという事件がありました。今回は「アラブの春」という大きな流れがあったとはいえ、相当な勇気が必要だったでしょう。

ただし、ここで誤解しないでいただきたいのですが、シリア内戦で残虐な行為が起きているのは、イスラム教徒だからではありません。

古今東西、権力闘争に残虐性はつきものです。北朝鮮でも、毛沢東時代の中国でも、スターリン時代のソ連でも、酷《ひど》いことは多々行われてきました。日本でも、古くは、平家一門は皆殺しといったことがありました。残虐さを誇示することで相手を屈服させるのは、権力掌握のための、普遍的な手っとり早い方法なのです。

おそらく、前アサド大統領ならば、民主化デモに参加した人たちを最初から皆殺しにしていたはずです。現アサド政権の関係者には、「お前が甘かったからこんなことになったんだ」と、いまのアサド大統領に怒っている人も少なからずいるでしょう。

アラウィー派はなぜ政権を取れたのか

じつは、アラウィー派がイスラム教に含まれるかどうかについては、昔から議論があります。自らが何を信仰しているかは門外不出とされており、布教もしないからです。

その点では、日本の神道に似ているところもあります。私たちは日本に生まれたからということで、あまり意識することなく神棚に手を合わせたり神社を参拝したりします。伊勢神宮の神主がニューヨークに行って、「お参りしませんか」などと布教活動をすることはありません。アラウィー派もそれと同じような感じです。

もっとも、アラウィー派の信仰は神道よりはるかに秘密主義であり、イスラム世界の大半の人からは異端だと思われています。スンニー派がマイノリティでプロ野球のセ・リーグ、シーア派がパ・リーグだとしたら、アラウィー派はクリケットといった感じで、もはや競技が違うという認識です。ただし、イランなどでは、シーア派の端っこあたりの宗派と認識されているようです。

昔、アラウィー派はとても不遇で、周囲の軽蔑を受け、山岳地帯に追いやられて生活していました。当然その生活は貧しいので、ダマスカス、アレッポといった大都市に働きに出てくる人たちもいたのですが、アラウィー派というだけで差別され、辛《つら》い生活を余儀なくされました。

しかし、その運命を変える出来事が起きます。第一次世界大戦でオスマン帝国が敗れ、1920年代に、シリアがフランスの委任統治領となったのです。

すると、フランスはアラウィー派を要職に取りたてるようになります。少数派を優遇して植民地内の結束を分断しようとするのは、いつの時代の占領者もやることです。

また、フランスは、シリア国内に、フランスの手足として働く軍隊を作ろうとしました。そこで、士官学校を設立しましたが、多数派のスンニー派はフランスのためになど働きたくありませんから、入学しません。

ところがアラウィー派の優秀な若者は、勉強したくても貧しいため普通の大学には行けません。そのため、進んで士官学校に入学しました。

このような事情から、軍隊の多くが少数派であるアラウィー派によって占められ、アラウィー派将校の数が増えていきます。そして、それを掌握していた前アサド大統領が、軍事クーデターにより政権を奪取し、少数派政権を樹立したのです。

ただし、彼らは自らをアラウィー派とは言わず、バアス党政権と名乗っています。バアス党というのは、イスラムという宗教よりも、アラブという民族を強調した呼称です。そのため、アサド政権は、キリスト教徒など少数派の支持を集めることができたのです。イラクの項でも前述しましたが、このようにシリアのバアス党のほうが歴史が古く、本家と言ってもいいのですが、シリアとイラクのバアス党は、どちらが主導権をとるかで厳しい対立関係にありました。

戦争のマトリョーシカ状態

現在のシリアは、アサド勢力と反アサド勢力の大きく2つに分かれています。アサド側を支援して外国から入ってきているのが、ヘズボッラーというレバノンの軍事組織で、これはシーア派の人たちです。また、イラクのシーア派軍事組織も加勢しています。

このヘズボッラーが2012年の夏以降に本格的に参戦して、劣勢に立っていたアサド政権を助け、戦局を逆転させました。

こうしたシーア派の諸組織を支援しているのはイランで、ハメネイ最高指導者の支持を受けています。

逆に、反アサド勢力は少々複雑です。同じ反アサドでありながら、その内側で自由シリア軍と呼ばれる勢力とその他のイスラム系勢力が交戦しています。さらに、イスラム系勢力の内側でも、本書のテーマであるイスラム国と、ヌスラ戦線と呼ばれるアルカーイダ系勢力との間の対立があります。内戦の中に内戦があるのです。

もはや、戦争のマトリョーシカ（入れ子人形）状態です。

結果的に浮上してきたイスラム国

それでは、いくつもの反アサド勢力の中から、なぜスンニー派の過激派・イスラム国が、内戦を通じて力をつけてきたのでしょうか。

アサド大統領は当初、自由シリア軍ばかり攻撃していました。自由シリア軍の主力メンバーは、もともとシリア軍に属し、途中でアサド体制に反旗を翻した人々です。西側諸国も自由シリア軍を支持しました。民主主義を求める軍人たちですから、その勝利がシリアを民主国家にするだろうと考えたからです。そこでアサド大統領は、まずは自由シリア軍を潰す戦略に出ました。欧米の支持を得られそうな勢力を叩いたわけです。

すると、自由シリア軍と交戦しているイスラム系勢力の力が相対的に増して、今度はアサド勢力vs.イスラム系勢力という色彩が濃くなります。

反政府系イスラム勢力は政治信条などが過激ですから、アサド大統領としては、「テロとの戦い」という大義をもちだし、西側諸国に対し、「俺とテロリストのどっちを支援するんだ」という選択を迫りやすくなりました。

その結果、シリアでイスラム過激派が大量生産され、この人たちがイスラム国として、力を拡大してきたのです。

実際、アサド大統領はイスラム国と真面目に戦ってきませんでした。

イスラム国の主な資金源は油田と言われています。アサド大統領は空軍を持っていますから、油田を空爆すれば、イスラム国の資金は一発でショートします。しかし、アサド勢力による油田への空爆は行われませんでした。イスラム国が存続してくれたほうが、都合がいいからです。

欧米諸国も、自国のイスラム過激派がシリアに流入しているという事実に無頓着でした。アサド政権と戦うのであれば、それを良しとしていたからです。シリアと長い国境を接するトルコも、国境を管理しようとはしていませんでした。

ですから、イスラム国はアサド勢力と戦って勢力を伸ばしたわけではありません。アサド支持派や国際社会から放っておかれた間に、力をつけたといったほうが適切です。アサドのイスラム過激派との戦争は、手加減と手抜きの戦争だったわけです。

ここまでお話ししてきたように、イラクにおいてもシリアにおいても、敵対勢力が失策や思惑によって沈みこみ、結果的に浮上してきたのがイスラム国だったと言えるでしょう。

第2章 イスラム国とは何なのか

イスラム過激派の新ブランド

イスラム国の最高指導者は、バグダディ（アブー・バクル・アル＝バグダディ）という人物です。もともとバグダディは、イラクでアメリカの占領に反対する運動をしていました。

その運動にシリアから多くの人が参加し、シリアでも運動が活発化しました。その結果、イスラム国はシリア内戦で力をつけ、再びイラクに帰ってきたという経緯です。やることがあまりに過激なため、イスラム過激派の代表格であるアルカーイダに破門されたという過去があります。

アルカーイダは、バグダディ一派の活動すべてを否定していたわけではありませんが、シーア派というだけの理由でアラブ人を殺害したり、その映像を公開したりといった行動は、アルカーイダとしても、やはり目に余るものでした。

アルカーイダとは、後でもお話ししますが、アメリカ同時多発テロ事件を主導したイスラム過激派組織です。アルカーイダという組織は、言ってみればフランチャイズ方式をとっており、ある地域で独占代理店のような組織を決めたら、その組織のみが活動をするという方式で動いてきました。シリアではアルカーイダが代理店として認めたのはヌスラ戦線という組織で、バグダディ一派にもその命令に従うよう命じたのですが、彼らはそれに従わず、独自路線を走り始めてしまいました。

過激派の重要な資金源のひとつは、寄付金です。この点は、人道支援団体と似たところがあり、支援者からお金と人を集めて、集団を強化します。アラブの産油国には、自ら活動に加わらないまでも、彼らの主張に共感を寄せ、その活動を支援する富裕層がいます。

イスラム国のバグダディ最高指導者とされる人物　（AA/時事通信フォト）

資金を集めるためには、やはりブランド力が必要です。これまではアルカーイダというブランド力をつければ、お金も人も集まっていました。しかし、最近アルカーイダは「仕事」をしていません。つまり、テロに成功していないわけです。

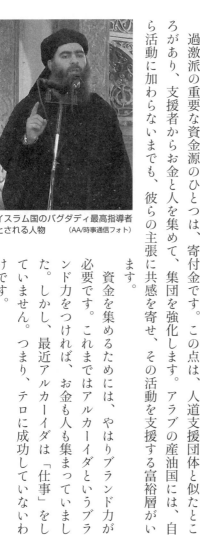

そうなるとブランド力が低下しますので、当然、独自ブランドを立ち上げようという勢力が登場します。そして、そのような勢力地図を見ながら、できるだけ費用対効果の大きい資金援助をしようと考える富裕層の中には、ちょっと目立ってきた新興勢力を支援する人が現れます。バグダディ一派はそうやってブランド力を向上させ、ついにイスラム国として、大々的に自分たちの暖簾《のれん》を出したというわけです。

もとは「イラクとシリアのイスラム国」

2013年4月、バグダディが率いる一部の過激派は、「イラクとシャーム（シリア）のイスラム国」（ISIS）と名乗り始めます。別称として、「イラクとレバント（東部地中海沿岸地方）のイスラム国」（ISIL）と呼ばれる場合もありました。その後、イラクとシリアでの勢力を拡大し、全世界に名を知られるようになっていきます。

2014年に入ってからは、イラク第二の都市モスルを陥落させるなどの電撃的な勝利を収め、イラクの広い部分を支配地域に加えました。この勝利により、その人気が、アラビア半島の急進的なスンニー派の間で沸騰したのは想像に難くありません。

そして、これらの戦果を踏まえて2014年6月、彼らは組織名からイラクとシリアという地名を外して、たんに「イスラム国」（IS＝Islamic State）と名乗り始めます。つまり国家の樹立を宣言したのです。

イスラム諸国にはイスラムの名を冠した国名（たとえば、イランの正式名はイラン・イスラム共和国）がたくさんあります。イスラム国に言わせれば、それらは全部偽物です。イスラム国を名乗ることによって、きちんとしたイスラム国家は自分たちだけだというメッセージを発するというのが、彼らの意図です。

そうは言っても、勝手に「国家です」と宣言して、国になれるわけではありません。国際法上、国家成立の要件としては、まず領土、そして国民を掌握している必要があります。

彼らはその2点はクリアしていますが、いわゆる「国」になるためには、国際的な承認も求められます。もっとも、国際社会の大半の国家が承認していないものの、国に準じた扱いをされることもある台湾（中華民国）のような例もありますので、イスラム国が国家としてまったく問題外というわけでもないのです。

イスラム国が全世界のイスラム教徒に対し、「イスラム国を攻撃する者には、立ち上がって反撃せよ」とメッセージを発したところ、少しはテロに結びついているようです。しかし、イスラム国そのものが全世界でテロを展開する段階には至っていません。それこそ国内情勢が不安定ですので、そこまでの活動はできていないのです。

また、各国の監視が厳しくなり、特にシリアなどからヨーロッパ諸国へ帰国した者はマークされやすいため、積極的にテロ活動を行うのは難しいのだと思います。

2014年5月には、イスラム国からの帰国者が、ベルギーの首都ブリュッセルのユダヤ博物館で銃撃事件を起こした事例があります。しかし、それが組織としての作戦であったとの証拠は見つかっていません。

ムハンマドの後継者「カリフ」を名乗る

イスラム国が国家の樹立を宣言したもうひとつの重要な理由は、バグダディが「カリフ」と名乗るために必要だったということです。

先述した通り、「カリフ」とはイスラム教の開祖である預言者ムハンマドの「後継者」という意味で、じつは英語です。ムハンマドが死去した後、誰が次の指導者になるかで争い、勝利した人がカリフとなりました。正式にはアラビア語で「ハリーファ」と言います。

カリフが国を統治する「カリフ制」は、長らくイスラム世界で存続してきました。しかし、1924年にカリフ制が廃止されてから、カリフは誕生していません。

カリフに必要なのは正統性です。正統性がなく、実力で権力を握った人のことは「スルタン」と言います。日本で言えば天皇がカリフ、征夷大将軍がスルタンにあたります。

イスラム諸国で最後までカリフを名乗り、認められていたのはオスマン帝国の支配者です。ただし、実力によって権力も掌握していたので、スルタンでもありました。そのため、オスマン帝国の支配は「スルタン・カリフ制」として知られていました。実力主義の支配者であり、かつ、血筋も正統であるということです。

それでは、その正統性は誰が証明するのか。オスマン帝国の場合は明らかな血筋がたどれなかったため、前任のカリフから「あとはよろしく」と禅譲されたと主張して、正統性の根拠としていました。

それをイスラム世界の大半の人が認めたため、オスマン帝国の支配者はずっとカリフを名乗ることができたのです。ただし、オスマン帝国はスンニー派の国ですので、シーア派のリーダーたちは認めていませんでした。

もちろん、バグダディも勝手にカリフを名乗っているだけです。イスラム世界をすべて支配しているか、もしくはムハンマドから指名を受けたとでも言うならばわかりますが、カリフを名乗れる根拠は何もありません。

しかし、ここでも、名乗ることそのものに意味があると考えたのでしょう。つまり「カリフ」と称し、世界のイスラム教徒に「私に従いなさい」というメッセージを発しているわけです。そして、そのように訴える以上、組織の名称がイラクとシリアに限定されていてはおかしいので、イスラム国と改めたのだと思います。

黒ターバンでムハンマドの血筋と主張

バグダディがカリフにこだわっているのは、着用している黒いターバンからも読み取れます。これは本人の趣味で黒を選んでいるわけではありません。

イスラム世界では、開祖である預言者ムハンマドが黒いターバンを巻いていたと言われています。以来、黒いターバンを着用することは、ムハンマドとの血のつながりを主張する意味を持つようになり、黒はイスラム世界では預言者ムハンマドとのつながりを示すシンボルカラーとなりました。

たとえば、イラン・イスラム共和国を樹立したホメイニも、現在の最高指導者であるハメネイも黒いターバンを巻いています。

もっとも、血のつながりが本当かどうかはわかりません。あくまで本人たちがそう言い張り、周囲の人間も何となくそれを認めているのです。

そもそも家系とか血筋というのはそういうもので、たとえば、中東のヨルダンと、アフリカのモロッコの王様は、家系図をたどればムハンマドに行きつくと主張しています。あくまで大切なのは、本当かどうかよりも、周囲が受け入れるか否かです。

ただ、どうやっても、ムハンマドの家系と言い張るには無理がある指導者は、黒いターバンを巻けません。一例として、イランの現大統領であるロウハニは白いターバンです。

日本に置きかえて考えると、豊臣秀吉はいくら頑張っても家系が源氏につながらないため、征夷大将軍にはなれませんでした。逆に、徳川家康はいろいろと細工をして源氏の家系と言い張っていたため、すんなりなれました。これと仕組みは同じです。

もっとも、ムハンマドの家系でなければ出世できないわけではありません。秀吉も関白にはなれましたし、最高指導者は無理でも、ロウハニのように大統領になる人もいます。

時代感覚に敏感なバグダディ

バグダディがどこまで本気かはわかりませんが、黒ターバンでスピーチする姿を全世界に映像で流してアピールしたことには、強い主張が感じられます。

そもそもスピーチの映像を流しただけでも、特筆すべきです。

たとえば、サダム・フセインはスピーチが下手だったため、自分が直接話すのはまれで、スポークスマンを使って意思を伝えていました。２０１４年までイラクの首相を務めたマリキ氏も、あまり品格を感じさせる話し方ではありませんでした。

指導者のスピーチで印象を悪くすることは、どこの組織でも避けたいところです。そのリスクを勘案した上で、映像を流したということは、イスラム国なりの勝算があったのでしょう。全世界に向けたスピーチができるというのは、それなりのカリスマ性の証《あかし》となりえます。

また、バグダディという名前はイラクのバグダードに由来します。バグダードはアッバース朝（750年〜1258年）という古い王朝の首都でカリフがいた場所です。その意味で、出身地のイメージもいいと思われます。

バグダディは1971年生まれと言われ、比較的若いこともあって、そのようなイメージ戦略や時代感覚に敏感なところがあるのでしょう。

なお、イスラム世界では、指導者は美しいほうがいいと言われています。人間の美醜は個人の努力ではなく神が決めることであり、美しいというのは神の祝福を受けている証だという発想があるからです。ムハンマドもかなりの美男子だったと言われています。

したがって、イスラム世界の人たちが「あの男は美しい」と思えば、指導者としてふさわしいということになります。美しい＝カリスマ性がある、という判断になるのです。たとえば、アルカーイダの指導者だったオサマ・ビンラーディンはなかなかの二枚目でした。バグダディが美しいかどうかはみなさんのご判断におまかせしますが、集団内での「お前は顔がいまいちだからダメ」などといった指導者選びのプロセスを経て、いまのポジションについたことは十分に想像されます。

ナチスに似た統一性、ファッション性

バグダディに限らず、イスラム国はシンボリックな主張を好みます。たとえば公開された映像などを見ると、兵士は必ず黒い服を着ています。

また処刑される外国人などが着ている服はオレンジです。なぜオレンジか。捕虜ですから、逃げ出したときに見つけやすいといった理由もあるでしょう。

しかし、一番の理由は、アルカーイダ系の人間がキューバのグアンタナモ基地に収容されたときに着せられた服がオレンジ色だったからだと考えられます。アメリカ人がイスラム教徒をそのように扱ったことに対し、仕返しをしているわけです。

また、クウェートではゴミ箱の色がオレンジですし、ゴミ集めに従事する人はオレンジ色のつなぎを着ています。イスラム世界においては、オレンジという色には、軽蔑のニュアンスがあります。

着用する服だけでなく、その国旗も黒を基調としています。書かれているのは、「アッラーは唯一の神であり、ムハンマドはその預言者である」という意味のアラビア文字です。

「イスラム国」が国旗として掲げる旗

当初、私はその文字を見てつい「つたない字だな」と思ってしまったのですが、伝承によれば、預言者ムハンマドの文字なのだそうです。と言ってもムハンマドは文字が書けませんでしたので、正確にはムハンマドの側近が字を書き、それを印にして本人が押していたと言います。その印の文字なのだそうです。

この旗は、イスラム国固有の旗というわけではなく、他の過激派組織も似たような旗を掲げています。黒旗はムハンマドが戦闘のときに掲げていたとも伝えられており、これも、やはりイスラム世界全体に自らの正統性を主張するメッセージとなっています。

さらに、このようなシンボルに加え、彼らは指を1本立てるジェスチャーをよくします。これには「神は唯一である」という意味がこめられています。

これらのノリは、ナチスととてもよく似ています。ナチスの軍人はハーケンクロイツ（鉤十字）のロゴマークを振りかざし、右腕を上げる独自の敬礼をしました。制服もかなり凝っていて、一部の国ではいまだにナチスショップがあるくらい人気があります。

また、ナチスは音楽にのってかっこよく登場するといった演出をしました。イスラムでは音楽が禁止されているため、イスラム国ではコーランの朗唱を取り入れています。

真っ黒な服装がかっこいいかどうかは見解が分かれるところですが、以前日本でも全身を黒ずくめのファッションにした「カラス族」が流行しました。ですから、イスラム国の若者を笑えないなと個人的には思います。

このような統一性、ファッション性は、若者を惹きつけるのにとても重要です。日本の中学校・高校もかわいい制服の学校は人気があります。また、大勢で同じポーズをとると高揚感が増すものです。イスラム国は、そういう仕組みを巧みに利用しているのです。

フセインの遺産を活用した統治機構

イスラム国が従来の過激派組織と大きく異なるのは、きちんと領土を持っているということです。第一次世界大戦後、オスマン帝国の領土がイギリスとフランスに分割されて以来、シリアとイラクの両国にまたがる広い地域を支配した国家は存在しません。

アルカーイダは、アフガニスタンとパキスタンの国境地帯に根拠地をかまえていますが、広い地域を統治しているわけではありません。ナイジェリアの過激派ボコ・ハラムも、それなりの支配地域は持っていますが、国家を運営していると言えるほどの安定した統治ではありません。

イスラム国は、そのような意味で、かなり国らしい国と言えるのです。

実際、国としての機能も整備しています。首都をシリア北部の都市ラッカに定め、すでに官僚組織があるほか、税金の徴収、ゴミの収集、貧困者のケアなども実施しています。

もっとも、それはバグダディらが一から整備したわけではありません。比較的短期間にそれらの仕組みを整えることができたのは、サダム・フセイン時代の遺産をそのまま利用したからです。

サダム・フセインの独裁を支えていたのは、バアス党やイラク軍です。前述した通りアメリカはイラク軍、警察、バアス党などの組織をすべて解体しました。そのため大量の失業者が発生し、年金や恩給も取り上げられて、その生活は行き詰まっていました。

そこにバグダディが現れ、失業していた人々をどんどん雇用しました。もともとそれぞれ専門の訓練を受けている人たちですから、組織化するのは簡単です。そのため、いきなり軍隊が戦車を走らせるといったことが可能となったのです。

官僚にしても同じです。サダム・フセインを支えるバアス党員ではありましたが、それは出世のために必要だったからです。元党員にしてみれば、ちゃんと給料がもらえて自分たちの能力が生かせるのであれば、仕える人は誰でもいいというところがあります。

イスラム国の支配地域に住んでいる人たちにしても、恐怖政治により服従を強いられているとは言われていますが、イスラム国がシーア派の支配に対して立ち上がったときには、一般住民の間にも、それなりの支持層がいたはずです。でなければ短期間のうちに、これだけ広い地域を支配するのは無理です。宗派が同じなので、イラク領土内のスンニー派住民にとっては受け入れやすい面があったのかもしれません。中央政権よりはずっとマシだという人は多くいたでしょう。

シリアについても、内戦で疲れ切っている人たちが多かったため、「治安を安定させてくれるのだったら誰でもいい」という思いがあったのではないでしょうか。

こういった背景を含めて、イスラム国の組織力はなかなかのものだと思います。バグダディが仕切っているのか、彼はシンボルなだけで周囲の人間が仕切っているのかは不明ですが、かなり優秀な人材がいるのは間違いありません。

人質ビジネスは重要な資金源

イスラム国の資金源は、ひとつには支配地域から徴収する税金があります。また、先ほどもお話ししたように、アラビア半島の豊かな産油国にいる裕福な個人が、資金を流したとも言われています。

そのような資金の流れを取り締まってこなかったサウジアラビア政府などは、気がついたらコントロールの利かないフランケンシュタインを育てていたわけですから、イスラム国の誕生に驚いているでしょう。

また、イスラム国は油田を押さえているため、石油の販売で1日1億円程度の収入があると言われています。この収入もかなり大きいでしょう。

さらに、イスラム教成立以前の考古学遺産などを売り払っているとも言われています。イラクやシリアは古代遺跡の宝庫である上、イスラム国はイスラム文化以外のものには価値を置かない人々ですので、いいビジネスとしているようです。

また、イスラム国が急速に勢力を拡大してきたため、中央政府が銀行に置いていってしまった資金を、手に入れたりもしています。

いわゆる人質ビジネスからの収入もあります。

『ニューヨーク・タイムズ』紙によれば、過去5年間に105人の欧米人がイスラム過激派に人質として取られました。その解放のために、およそ125億円が支払われています。これらは過激派の重要な資金源になっています。

イスラム国の公開処刑映像などからは、主にアメリカ人とイギリス人をつかまえているように見えます。しかし、英米人はじつは全体の5％程度にすぎません。アメリカとイギリスは交渉に応じず、身代金を払わないからです。その意味でイギリス人やアメリカ人をつかまえても割に合わないので、彼らも積極的にはつかまえません。

そこでもっぱら標的となっているのは、ドイツ人やフランス人などです。

日本人も決して安全ではありません。たとえば、２０１３年1月、イスラム過激派がアルジェリアの天然ガス精製プラントを占拠する事件がありました。日本人もプラント会社の社員らが人質となりました。公表はされていませんが、おそらく日本政府は白紙の小切手を渡すというような交渉をしようとしたのではないでしょうか。

もちろん、どの国も公式には認めていません。しかし、フランス、スペイン、ドイツ、オーストリア、イタリアは、実際に身代金を支払ってきました。

アメリカやイギリスは、身代金の支払いが過激派の活動資金源になっているとヨーロッパ大陸諸国を批判しています。身代金の支払いは、同盟国間での対立要因にもなっているのです。

懸念される化学兵器の使用

イスラム国の軍事力はどうなっているのでしょうか。

彼らはイラク軍の残した大型兵器を獲得し、航空機の操縦訓練まで行っていると伝えられています。その点でもテロリストの域を超えています。その軍事力は、数万人と見られており、もはや一国の軍隊に相当する規模となっています。

また、中東には武器の闇市場がたくさんあります。2011年、リビアのカダフィ政権が潰れたことで、かなりの武器が市場に出たと言われています。アメリカが自由シリア軍に渡した武器も流出しています。資金さえあれば、兵器の調達には困りません。

最近心配されているのは、彼らが化学兵器を使う恐れがあることです。

イラク戦争は、サダム・フセインが大量破壊兵器を保有しているという疑いから始まりました。結局それらは発見できませんでしたが、1991年に湾岸戦争が始まるまでは、たしかにイラクは化学兵器を保有していました。

国際社会の圧力を受け、それらは廃棄されたわけですが、毒性が残ったまま放置されたものもあります。そして現在、その化学兵器が捨てられた場所を、イスラム国が支配しています。すでに一部では、そうした化学兵器を使用しているのではないかとも報じられました。

今後、イスラム国が追いつめられた場合などが心配です。

なぜそこまで残虐になれるのか

ところで、残虐な手口でアメリカ人ジャーナリストなどを殺害し、その映像を公開するのはなぜでしょうか。

まずひとつには、身代金がとれないため生かしておく価値がないからです。人質にしておくにはお金もかかりますから、殺したほうが手っとり早いわけです。

殺害の映像などを流したら、よけいに身代金が支払われなくなるのは明らかですが、それは織りこみ済みで実行しているのでしょう。

もうひとつには、やはりアメリカやイギリスへの報復という意味があります。200

3年のイラク戦争以降、イラク国内では数々の残虐行為が行われてきました。アメリカ軍の管理していたアブグレイブ刑務所で、イラク人収監者を辱める映像が流出した事件を、イスラム教徒はいまも鮮明に記憶しています。

さらには、イスラム国に逆らえば、どんな目にあわされるかしれないという恐怖心を人々に植えつける効果もあるでしょう。

また、その残虐性ゆえにイスラム国に惹きつけられるという若者も、少なからず存在するようです。その行為に「本物のイスラム」を見る異常な心理が、一部の人々の間にあるようなのです。

それにしても、人間は、普通あれほどまでには残虐になれないものです。なぜなれるかについては専門外なので何とも言いかねますが、やはりイデオロギーにとりつかれた人たちは、常人では考えられない行動に出ることがあるということなのだと思います。

これはイスラム過激派に限ったことではありません。ヒトラーも、スターリンも、映像公開こそしませんでしたが似たようなことをしてきました。自分たちが絶対に正しいという思いこみの成せる業《わざ》としか言えません。

しかし、アルカーイダが彼らを破門したように、そのあまりの残虐さは多くのイスラム教徒に批判されています。また残虐な処刑が、オバマ政権にとってはイスラム国を爆撃する根拠となっています。残虐性は、彼らの統治のために利用されている反面、その存続を足元から脅かす要因にもなりかねません。

なぜ奴隷制を復活させたのか

イスラム国は、奴隷制を復活させたことでも、国際社会から非難を浴びています。

奴隷化の対象としたのは、イラク北部で拘束したヤズィーディーと呼ばれる少数派の人たちです。ヤズィーディーは、ゾロアスター教、イスラム教、キリスト教などの教えが融合した宗教と考えられています。

イスラム国には、ムハンマドの時代こそが理想の世界だったという発想があります。そしてムハンマドの時代には奴隷制が存在したので、それを復活させるのはよきこととして捉えられているようです。

ただし、奴隷といっても、私たちがイメージする奴隷とは趣が異なります。

奴隷と聞くと、支配者に隷属し、使い捨て同然に過酷な労役を課される人たちといったイメージがあります。しかし、中東では奴隷を持ち物と考え、大切に扱う歴史があります。

たとえば、オスマン帝国のスルタン直属の軍隊や、国の統治を担う官僚は、奴隷の集団でした。

スルタンはまず、バルカン半島の町などで、クリスチャンの子どもを集めます。集められた子どもたちは、首都のイスタンブールに送られます。強制的にイスラム教に改宗させられ、全員がスルタンの奴隷になります。

奴隷とはいえ、労役を課されるわけではなく、子どもたちはスルタン直轄の学校に入り、エリートとして教育されます。その後、頭脳の優秀な子どもは官僚になり、体力のある子どもは軍隊に入るという仕組みです。奴隷であることはエリートの証だったのです。

しかし、厳密に言うと、イスラム法においては、イスラム教徒、キリスト教徒、ユダヤ教徒は聖なる民であるため、そもそも奴隷化が禁じられています。

イスラム教の認識では、神は人類に対し、まずはモーセなどの預言者を通じてメッセージを送りました。これがユダヤ教です。続いて、イエスという預言者を通じてメッセージを送りました。これがキリスト教です。

そして、最後に預言者ムハンマドを通じてイスラム教を伝えたのです。ユダヤ教、キリスト教、そしてイスラム教を一連の進歩の段階とするのが、イスラム教の考え方です。したがって、ユダヤ教もキリスト教も同じ神の教えであり、その信徒は尊重すべきとされています。オスマン帝国はそれを破っていたのです。

イスラム国の場合は、たまたまヤズィーディーというマイナーな宗教の信者がいたため、その女性たちを捕まえ、奴隷として兵士に渡しました。

おそらく若い男性が増え、女性が必要になったからでしょう。イスラム法では婚姻関係以外の性交渉は許されないため、どうしても花嫁が必要です。

また、イスラム教徒と奴隷の女性に子どもができると、母子ともに奴隷ではなくなり自由になるという決まり事もあります。そのため、奴隷という存在に対して、欧米諸国や日本人が抱くような違和感は弱いのでしょうか。

巧みな広報戦略で若者の心をつかむ

広報戦略に力を入れているのも、彼らの特徴のひとつです。『ダビーク（DABIQ）』という有名なウェブマガジンを発行しています。

ダビークとはシリアとトルコの国境地域の地名です。当初、彼らがその地域を押さえたので、タイトルにしたのかと思っていましたが、どうやらそうではなく、そこで最終的な決戦があるという伝承にちなんで名づけたようです。日本ならば『関ヶ原』という感じでしょうか。

『ダビーク』は英語とアラビア語のほかに、何カ国語かで配信しています。私が読んだ英語版は、しっかりした英語で書かれていました。おそらく、欧米で育ったネイティブのイスラム教徒が執筆しているのでしょう。

英語ができれば、欧米への発信力は強力です。アラブ圏ではない国に住む2世、3世のイスラム教徒にとって、アラビア語は、私たち日本人がお経を聞くようなもので、「ありがたいけれど意味不明」です。しかし英語であれば2世、3世も目を通せますので、共感する人間を呼びよせやすくなります。

余談ですが、イスラム国内で公用語をどうしているのかは、わかりません。バグダード大学でしっかり勉強していればそこそこ英語もできるでしょうが、そんな人ばかりがメンバーではありません。アラビア語圏の人と、英語圏の人との間では、意思の疎通はかなり難しいのではないかと思います。

『ダビーク』のコンテンツとしては、ノアの方舟《はこぶね》の伝説などが掲載されています。イスラム教にも同じ教えがあるため、ノアの方舟＝イスラム国として、自分たちの正しさを主張するような内容です。つまり他の人々はすべて間違っていて、神の起こす洪水で滅びるわけです。コーランを知っている人向けのプロパガンダと言えるでしょう。

ほかにはツイッター、フェイスブックなども活用していましたが、現在はアカウントが凍結されています。

『ダビーク』でもメンバーの勧誘活動はしていますが、ヨーロッパには秘密裏に活動している支援者がいるようです。急速に組織が大きくなったのは、ヨーロッパの政府が、これらの動きに対して無警戒だったためでもあるのです。まさか、自国に跳ね返るほどの問題になるとは思っていなかったのでしょう。

今後、彼らが日本語でもメッセージを発信し始めたら、それに共感する日本人も出てくるかもしれません。何しろ自殺者が3万人もいる国ですし、鬱屈《うっくつ》している若者もたくさんいるでしょう。

2014年10月に北海道大学の学生が渡航を企てたとして警視庁の事情聴取を受けました。現在の生活に不満を抱いた若者たちの中から、「どうせ死ぬなら大きな花火を打ち上げてから」と考える人が出てきても、おかしくないのではと思います。

第3章 イスラム国出現までの100年史

サイクス・ピコ協定による無理やりな国境線

第1章でも述べましたが、イラクやシリアはもともとオスマン帝国の一部でした。オスマン帝国とは、1299年に成立した国家です。

その権勢は長く続き、最も版図が拡大したのは17世紀後半です。東西はアゼルバイジャンからモロッコ、南北はイエメンからウクライナ、ハンガリー、チェコスロヴァキアに至る広大な領域に及びました。オーストリアのウィーンも、オスマン軍に何度も包囲されました。

国民はわりあい平和に暮らしていましたが、1914年に第一次世界大戦が勃発したことで状況が一変します。ドイツと同じ同盟国側で参戦し、敗れたからです。戦後、戦勝国のイギリス・フランス・ロシアがオスマン帝国の領土を分割し、オスマン帝国は解体されます。

それを取り決めたのが大戦中の1916年に結ばれた秘密協定「サイクス・ピコ協定」です。サイクスはイギリスの中東専門家、ピコはフランスの外交官です。

3国の利権を勘案して分割したわけですが、結果的に国境線がまっすぐの不自然な領土が誕生しました。

その領土は事実上の植民地でしたが、もはや植民地の時代でもあるまいということで、ゆくゆくは独立させることを前提に、保護領、委任統治領といった形式がとられました。そして独立後はイラクでは傀儡《かいらい》政権を作り、統治させたのです。

問題だったのは、領土の分割にあたってイギリスとフランスの利権ばかり優先し、部族や宗派への配慮がほとんどなかったことです。そのため、イラクはクルド人、シーア派、スンニー派が混在する国になってしまいました。

無理やり国境線がひかれてできた国ですから、イラクができたときにはイラク人というカテゴリーの人は当然いません。スンニー派のアラブ人、シーア派のアラブ人とクルド人から構成される、新しい国ができたわけです。

オスマン帝国はなぜ滅亡したのか

オスマン帝国は、今風に言えば、多くの民族を含む多民族国家でした。しかし多民族国家であっても、民族より信仰が優先され、ユダヤ教ならばユダヤ教、アルメニア教会ならばアルメニア教会の人たちが集まって自治組織をつくり、地域を守るという仕組みができていました。というか、民族という考え方は薄かったのです。

ところが、民族主義という考え方が台頭したことによって、「別に何人でもいいじゃないか」という寛容さが失われてしまったのです。

たとえばセルビア人ならばセルビア人として誇りを持つべきといった考え方がしだいに広がり、第一次世界大戦で敗れる前から、オスマン帝国内での分裂が進み、オスマン帝国の弱体化が進んでいました。

オスマン帝国の滅亡には、ひとつには外部からの軍事的圧力、もうひとつには民族主義の台頭という2つの要因があったのです。

民族主義に根差した新国家が成立した場合、その中で「自分は何人」と言い始めると国内が分裂してしまいます。そのため、その国の人は全員同じ民族だと見なすという強制力が働き始めます。

典型的なのはトルコで、1923年にトルコ共和国を建国したアタテュルクは、トルコに住む人は全員トルコ人という政策を進めました。トルコにはクルド人がたくさんいましたが、その存在を全否定し、すべてトルコ人と言い張ったのです。

「オスマン・トルコ」という国はない

余談になりますが、「オスマン・トルコ」という語は便利な標識です。

というのは、トルコの歴史を語るときに、「オスマン・トルコ」という言い方をする人は、すぐに素人だと判別できるからです。オスマン帝国は統治理念が民族ではありませんでしたので、このような国名は明らかに間違いなのです。

たしかにオスマン帝国を統治していたのはもともとはトルコ系なのですが、「トルコ」という言葉には「ダサい田舎者」というイメージがありました。

イスタンブールのエリートにしても、大半はスルタンの奴隷だったり、ハーレムに集められた女性の子どもです。彼らを束ねるのは、そのような出自・民族を超えた「オスマン」という文化的概念であり、教養を身につければ誰もがオスマンのエリートになれるという仕組みができていました。

そこでは、「トルコ」という言葉は使われなかったのです。

しかし、共和国を建国したアタテュルクは、「トルコはダサくない、トルコはビューティフル」と言い出します。従来は禁忌《きんき》、つまりタブーとされた「トルコ」という言葉が、突然ポジティブな意味を持つようになったのです。

1960年代のアメリカでは、黒人は「ブラック」ではなく「カラード・ピープル」と呼ばれていました。ですが、公民権運動で「ブラック・イズ・ビューティフル」というスローガンが掲げられると、「ブラック」はポジティブな言葉になりました。上手にコマーシャルをしたら、突然ホッピーがおしゃれな飲み物になったような感じです。「トルコ」という呼称も、同様に意味あいが変わったのです。

では、なぜ「オスマン・トルコ」という呼び名があるかというと、かつてヨーロッパ人が、「トルコ人の国」という理由でそう呼んでいたからです。オスマンとトルコは、六本木と埼玉くらい意味あいが違うのですが、それが日本にも拡散してしまいました。

みなさんも、オスマン・トルコという言い方を目にしたら、「素人だな」と判断してまず間違いありません。ちなみに、オスマン史が専門の人は「オスマン帝国」も不正確で、「オスマン朝」という名称が正しいとしています。

内戦から始まったイラクの歴史

現在のイラクは、1921年に王国として誕生しました。しかし、イラクに入りたくないクルド人の反乱が当時から始まっていました。イラクの歴史は、内戦の歴史です。

当時、クルド人を率いたのはムッラー・ムスタファ・バルザーニーという人物です。彼は「死に立ち向かう者」を意味する「ペシュメルガ」というクルド人部隊を率いて、1930年代から1970年代まで戦い続けました。その大半の時期において、クルド人は周辺諸国や大国に利用され、裏切られ、孤立無援の戦いを強いられました。

クルド人に唯一味方したのは、ゲリラ戦に適した山岳地形でした。山だけを友としてバルザーニーは戦い続け、クルド人の伝説となりました。

このバルザーニーという人がいかにクルド人に愛されているか、尊敬されているかは、クルド人地域を歩いてみるとよくわかります。どこに行ってもバルザーニーの写真に出会うことになります。

こうしたクルド人の民族運動のほかにも内紛が続き、イラクの情勢はまったく安定しませんでした。

しかし、イギリスとしては、せっかくイラクという国を作ったわけですから、なんとかして安定を図りたい。かと言って、クルド人の反乱を抑えるためにイギリスから大部隊を送るという余裕はありませんでした。第一次世界大戦が終わったばかりで、国力が疲弊していたからです。

そのため、イギリスは、なるべくお金を使わずに、簡単にクルド人を抑えこもうとします。

そこでイギリスが使ったのは、第一次世界大戦で初めて本格的に使われたハイテク兵器、つまり飛行機です。しかもイギリス空軍は普通の爆弾ではなく、毒ガスを上空から散布するという荒技に出ました。

毒ガスは第一次世界大戦で大量に使用されましたが、あまりに残虐であるため、国際法によって使用が禁止された兵器です。

イギリスが毒ガスを使ったことは、当時は知られていませんでした。１９９０年代になってイギリスで新たな文書が発見され、初めて知られるようになった事実です。

こうしたハイテク兵器の使用でクルド人の反乱を抑えこみ、イギリスはイラクという国を力でまとめていきました。

中東紛争の火種は列強の利権争い

イラクと同様に、成立当初から混乱していた地域はほかにもあります。代表はやはりパレスチナです。ユダヤ人の入植により、パレスチナ人との紛争が始まりました。

一般的に中東紛争は、イスラエルの建国がきっかけだったと認識されていますが、実際にはイギリスの委任統治下にあった頃からすでに争いが始まっていました。もっと言えば、19世紀末にヨーロッパのユダヤ人が入ってくるようになった頃から、対立が始まりました。

中東諸国は、アメリカやイスラエルを悪者として、攻撃を続けているイメージがあります。しかし、もとをただせばアメリカの介入以前に、イギリス、フランスなど西欧諸国が利権争いのために中東地域で横暴を働いていたことが後の戦争の火種になったというのも、歴史的事実なのです。

なお、シリアは、1920年代にフランスの委任統治領となって以降、1946年にシリア共和国として独立するまで、その体制が続きました。

その後、軍事クーデターが繰り返される不安定な時代を経験します。そして1970年に前アサド大統領がやはり軍事クーデターで政権を奪取し、現在の息子のアサド大統領の時代に至っています。

バアス党の独裁政治が始まる

イラクに話を戻すと、1932年にイラクは形の上では独立国となりました。しかし、実質的にはイギリスの支配下にあり、それが終わったのは1958年です。軍部がクーデターを起こしてイギリスの影響力を排除し、共和制を成立させたのです。

このとき、イラクは初めて本当に独立国になったと言えます。しかし、イラクではさらに軍部のクーデターが続き、情勢は安定しませんでした。

それを打開したのが、1968年に台頭したバアス党です。バアス党もクーデターで政権を奪取します。以降イラク国民は、バアス党の独裁下で生きていくことになりました。バアス党は、クーデターを避けるために、秘密警察のネットワークで国民を監視します。

第1章で述べた通り、バアスは「使命」という意味で、アラブ人の栄光を取り戻すことを目指していました。正式名称はアラブ復興社会主義党と言います。

かつてアラブは世界に冠たる文明を持っていました。軍事的にも強大でしたが、第一次世界大戦を経て、アラブ諸国は欧米の影響下に入り、際立って強い国が存在しなくなりました。

この凋落《ちょうらく》はアラブが諸国家に分裂しているからであり、アラブを統一してその力を結集し、アラブの栄光を取り戻すというのがバアス党の主張です。

そして、バアス党の指導者となったのがサダム・フセインです。

彼のやり方は非常に手荒でしたが、「この人こそアラブの栄光を取り戻す人だ、イラクの将来だ」と思った若者は多く、熱烈な支持を集めます。そして石油による収入もサダム・フセインの野心を支えました。

1970年代にしだいに権力の階段を昇り、1979年についに大統領に就任します。その出世と並行して、石油価格が上がりました。

これはまったくの偶然ですが、そういう意味では運の強い政治家だったわけです。その石油収入を生かして、イラクは強大な軍事国家へと変貌していきました。

典型的な独裁者、サダム・フセイン

サダム・フセインは、前述のように秘密警察を組織して国民を徹底的に監視し、文句を言う人は殺すという、典型的な独裁者でした。

イラクで開かれた国際会議に出席したときのことです。イラクの人たちは会議中に眠っていても、「フセイン大統領」という名前が出てくるとすぐに起きて拍手喝采をします。

ソ連の記録フィルムには、スターリンの演説後に全員が立ち上がって熱烈な拍手をおくる映像がたくさんあります。

それはスターリンの演説に感激したわけではありません。常にKGBが監視しており、最初に拍手をやめた人間がシベリアに送られるとも言われていたからです。

信じられないような話だと思っていたのですが、フセイン時代のイラクに行って、本当だったのだろうと実感したものです。ちなみに、フセインはスターリンの著作の愛読者だったそうです。

バグダードや北朝鮮のピョンヤンは、モスクワのミニチュア版のような雰囲気があります。反アメリカという意味でやはりソ連にはシンパシーを感じ、また、モスクワをお手本にして、社会主義国家における「首都とはこういうもの」というイメージで作られているからでしょう。

イラン革命でイラク・アメリカが急接近

イラクは常にアメリカと敵対関係にあったわけではありません。両国が友好な関係を築いていた時期も存在します。

石油収入によって強大になった国家イラクとアメリカが協力するきっかけとなったのは、隣国イランでの革命でした。

イランはそれまで非常に親米的な国で、アメリカの中東地域における権益の要になっていました。ところが、1979年に起きた革命によって、イランは親米の国から反米の国へと変わってしまいました。

イラン革命とは、亡命先から帰国した指導者アヤトラ・ホメイニを中心に、専制政治を行っていた国王の政権を打倒した事件です。

イラン革命は、米ソ両国と関係の良かったイラン王制を、革命勢力が打倒したという点で、画期的な事件でした。

イランの革命政権は、イスラム革命の輸出を掲げており、アラブの親米かつ保守的な産油国にとっては大きな脅威でした。アメリカはその影響力が拡大することを懸念し、イランを押さえこもうとしたのです。

そこでアメリカが目をつけたのが、隣国イラクの独裁者サダム・フセインでした。

イラクから見ても、イラン革命は脅威でした。というのも、イラン革命は、イスラム教徒が立ち上がって起きた宗教的な革命だったからです。

サダム・フセイン体制はアラブ民族主義、社会主義を掲げる非宗教的な政権です。そのような非宗教的政権を倒すようにというアジ演説やメッセージが、イランからイラクに流れこみ、そこにフセインは恐怖を覚えたわけです。

同時に、イラン革命による混乱は、イラクにとっては自国勢力拡大のチャンスにも見えました。

イラクは一方ではイラン革命に脅かされている。他方、イランの軍事力は混乱により弱っている。１９８０年、防衛的な心理と、侵略的な心理の両方の動機から、フセインは対イラン戦争を決断します。こうしてイラン・イラク戦争が始まりました。

強大な軍事国家に変貌したイラク

イラン・イラク戦争で、イラク軍は頻繁かつ大量に化学兵器を使用しました。化学兵器の使用は国際法に違反していますが、アメリカをはじめとする国際社会が、当時、イラクを強く批判することはありませんでした。

イラク軍はイランの兵士に対してばかりでなく、民間人に対しても化学兵器を使用しました。現在もその後遺症に苦しむイランの人々が多く存在します。

さらにショッキングだったのは、イラク軍が自国民であるクルド人に対して化学兵器を使った事実です。1988年3月、クルド人の町ハラブシャで化学兵器が使用されたほか、その他の地域でも大量に化学兵器を使っています。1920年代のイギリスの蛮行をフセインが繰り返したのでした。

化学兵器が大規模に使われ、国際社会がそれに対して強い反対の声をあげなかった。これが、イラン・イラク戦争の大きな特徴です。

また、この戦争は、イラン軍、イラク軍双方がミサイルを撃ちあったミサイル戦争でもありました。ミサイルは第二次世界大戦末期、ドイツ軍が連合国側に対して使ったのが最初ですが、この戦争では双方がミサイルを撃ちあうという、新しい状況が発生しました。

イランとイラクという中東の国が、8年間の長きにわたり戦い続けたというのも、近代に入ってからは初めての事件でした。

その間、アメリカなどの支援を受けたイラクは強大な軍事力を持つようになり、国際的に封鎖されていたイランは、しだいに軍事力を落としていきます。

この軍事バランスの崩れは、イラン・イラク戦争の停戦後、中東情勢の展開において大きな意味を持つことになります。

クウェートの運命を変えたイラン・イラク戦争

イラクの南側に、クウェートという国があります。歴史的にクウェートは、イラクの一部だと考えられていたため、イラクは常にクウェートに対する領有権を主張してきました。

強大なイラクが小さなクウェートの領有権を主張すると、抵抗は難しいように思われます。しかし、イラクとイランの軍事バランスが保たれている時代は、イラクの動きをイランが牽制していました。そのため、イラクがクウェートに手を出すことはありませんでした。

逆に、イラン・イラク戦争でイランが優勢だった頃は、イランの力がクウェートに及ぶのではないかという懸念が、クウェートの国民の間に広がりました。

私はちょうどその頃クウェートで生活しており、あちこちで「そのうちここはイランになるぞ」といった冗談が言われるのを、耳にしていました。

イラクに負けてもらっては困ると考えたクウェートは、イラクに対して戦争資金を貸しつけました。また、クウェートの港から陸揚げされた軍事物資が、トラックでイラクの戦線に運ばれるといったこともありました。

もっとも、クウェートにとって一番理想的だったのは、双方が負けることでした。自国を脅かしそうな両国が力を落としてくれれば、それに越したことはないからです。

イラン・イラク戦争は、表面的には両国の痛み分けという形で停戦となりました。しかし実際には、先ほども述べた通り、イラク軍が非常に強くなった状況で終わっています。これがクウェートという国の運命に大きな影響を与えることになりました。

イラクのクウェート侵攻から湾岸戦争へ

イラン・イラク戦争で、アメリカをはじめとする国際社会が支援したことで、イラクは化学兵器、ミサイル、多数の戦車やジェット爆撃機を保有するようになりました。こうしてイラクは、とんでもないフランケンシュタインに育っていきました。

アメリカは、このフランケンシュタインをコントロールできると考えていました。イラクを使って中東での権益を守ることを目指していたのです。

しかし、サダム・フセインはコントロールできませんでした。

イラクはイランとの戦いを続けるため、クウェートなどの豊かな国々から、莫大な借金をしました。戦争が終われば、当然「お金を返して」と言われます。

しかし、サダム・フセインに言わせれば、クウェートが生き残れたのは、イラクの若者たちが血を流して、イラン軍の前進を食い止めたからだということになります。

イラク人の血の犠牲のおかげで生き残れたのに、いまさら金を返せと要求するクウェートは、イラク人には可愛げのかけらもない国に思われました。そこで、サダム・フセインとイラク人は、この小国への怒りを募らせていきます。また、先ほどもお話ししたように、もともとクウェートはイラクの一部という感覚を、かなりの数のイラク人が持っています。

そのような感情に加え、イランの軍事力が弱くなったので、イラク軍が自由に動ける状況が生まれます。

そして1990年8月、イラク軍によるクウェート侵攻が始まりました。

イラク軍はたちまちクウェートを制圧しましたが、アメリカ軍を主力とする多国籍軍が1991年1月、イラクを攻撃します。湾岸危機が湾岸戦争に変わった瞬間でした。

イラクにとどめを刺さなかったアメリカ

圧倒的なハイテク兵器を誇る多国籍軍は、猛烈な空爆を開始し、わずか1カ月とちょっとの時間でイラク軍を圧倒します。クウェートを解放して湾岸戦争は終わりました。

しかし、アメリカ軍はサダム・フセインの首をとりませんでした。

なぜとどめを刺さなかったのか。独裁体制を倒すべきだったのではないかという議論が、その後ずっと行われることになりました。

当時のアメリカ大統領はブッシュ大統領（父）です。彼の言い分は大きく3つありました。

ひとつは国際法上の理由です。国際連合の安全保障理事会はクウェートの解放を求めており、アメリカはそれに成功した。国際法的に許されているのはそこまでであり、それ以上はできない。だから、イラクに侵攻しなかったというわけです。

もうひとつは外交上の理由です。かりにイラクに侵攻し、サダム・フセイン体制を倒したとします。すると、イラクの国力は落ちますが、それに乗じてイランの力が強くなる懸念があります。

アメリカにとっての国益は、イランとイラクの力のバランスを保つことであり、一方を極端に弱くするのは得策ではないわけです。自分たちがイラクを強くしたばかりに湾岸戦争を招いたわけですから、それも納得のいく考え方でした。

このアメリカの計算を支持したのは、サウジアラビアなど中東の同盟国です。サウジアラビアなどスンニー派の中東諸国は、シーア派のイランの力があまりに強くなることを望んでいませんでした。

イランの革命勢力に対するブロックとして、防波堤として、クッションとして、やはりサダム・フセインのイラクがある程度の強さで生き残ることを、アメリカの同盟諸国も望んだわけです。

もうひとつの理由は、イラク人の民族主義に火をつけたくなかったということです。

アメリカがクウェートを解放するのは比較的簡単ですし、サダム・フセインを倒すのもさほど難しくはありません。

しかし、イラクは大きな国で、イラク人は民族主義に燃えた人たちです。そのイラクにアメリカ軍が介入したとして、適切な出口があるのかは疑問です。

イラク人の信頼を得て安定に導けるかどうかは、まったくわかりません。むしろ泥沼に足を取られる結果になるのではないかという懸念のほうが、強くありました。

ブッシュ大統領（父）の世代は、ベトナム戦争を覚えています。ベトナムに介入し、簡単に制圧できると思っていたのに、たいへんな苦労をした。そのため、イラクが第二のベトナムになるのではないかという不安を、最後まで払拭《ふっしょく》できなかったのです。

アメリカ同時多発テロ事件の発生

以上のような理由から、父ブッシュは最善の策をとったと支持する人が、当時のアメリカにはたくさんいました。

反対に、アメリカの力を誇示すべきだったと訴える人もいました。ソ連が崩壊し、アメリカだけが超大国となったわけですから、その威力をもって独裁者を倒すべきという主張が出てきたのです。このような人たちを「ネオコン」と言います。

しかし、アメリカ世論の大半は「いや、もうこれでいい」という方向で、イラクで新たな戦争などしたくないという雰囲気が大勢を占めていました。

ところが、それを一変させる出来事が起きます。２００１年9月11日に発生したアメリカ同時多発テロ事件です。

これをネオコンの人たちはチャンスと見ます。

この事件により、アメリカ国民は、やはり海外に脅威を残すことは怖いという意識を強く持つようになりました。そこで、今こそ国民を説得し、イラクを攻撃せよという議論を高めようと、ネオコンが画策しました。これがイラク戦争への伏線になります。

アメリカでテロを起こしたのは、アフガニスタンにいたオサマ・ビンラーディン率いる、アルカーイダという過激派組織です。基本的にイラクとはまったく関係がありません。しかし、ブッシュ大統領（息子）の周囲にいる人たちは、イラクの脅威を訴えます。イラクが大量破壊兵器を作り、アメリカを脅かしたらどうするのかというわけです。

実際、イラクはイラン・イラク戦争で化学兵器を使った過去がありますので、これは非常に説得力のある言葉となります。

もちろん、さすがのサダム・フセインも、大量破壊兵器をアメリカに直接使うほど愚かではないという見方もありました。

しかし、フセイン本人が攻撃してこなくても、オサマ・ビンラーディンのようなテロリストたちの手に兵器が渡る恐れはあります。そこで、アメリカ国内の議論は、大量破壊兵器を作る力を持つイラクを討つべきという方向に、大きく傾いていきました。

もちろん、イラクが大量破壊兵器を作っているのか、持っているのかについては議論がありました。イラク政府は当然作っていない、持っていないと主張しましたが、ブッシュ政権はそれを受け入れず、イラク戦争へと踏み切ったのです。

2003年3月、イラクを攻撃したアメリカ軍はたちまちバグダードを攻略し、4月にはサダム・フセインの独裁が終わります。30年以上続いたバアス党の独裁体制に終止符を打ったわけです。しかし、それはイラクの新たな混迷の始まりであったことは、ここまでお話ししてきた通りです。

中途半端な民主化がもたらした混迷

２００1年に起きたアメリカ同時多発テロ事件がイスラム諸国にもたらした影響は、計り知れません。アメリカの攻撃によりアフガニスタンが、次いでイラクの政権が崩壊しました。また、２０１０年から２０１２年にかけては、いわゆる「アラブの春」が起きて、チュニジア、エジプトなど、多くの政権が崩壊しました。

現在は、そうやって重石《おもし》になっていた独裁者が倒れ、小さな勢力がワッと表に出てきた感じです。いまもサダム・フセインがいたり、アサド大統領がしっかりしていれば、おそらくイスラム国の台頭はありえませんでした。

あるいは、カダフィ政権後のリビア政府がもっと機能していれば、アルジェリアで人質事件を起こしたような過激派も台頭してこなかったはずです。

民主化はもちろん歓迎すべきことですが、中途半端に民主化した結果、抑えの利かない勢力があちこちに誕生してしまったというのも事実です。

現在、中東のイスラム諸国で国らしい国と言えるのは、イラン、トルコ、エジプトくらいでしょう。イランとエジプトは、古代から連綿と続くアイデンティティを持っています。トルコも人口7千数百万の大国です。

クウェート、カタール、ドバイやアブダビなど7首長国から成るアラブ首長国連邦など、原油のおかげでお金持ちになった国々は、巨大なイランの周囲に栄えているテーマパークといった様相で、国という雰囲気ではありません。

サウジアラビアは、アラビア半島の諸勢力の争いを経て、1932年に統一された国です。第一次世界大戦後、イギリスと協力したシャリフ・フセインという人物が王位に就くはずでしたが、遊牧民を率いたアブドゥル・アジズという人物に敗れます。このアブドゥル・アジズが初代の国王となり、現在まで続くサウジアラビアを建国したのです。

わりあい安定しているイメージがあります。しかしながら王様が暗殺されたこともあります。またイスラム国と似たような斬首刑を行うこともあります。インターネット上で動画を公開しないだけの話で、厳しい制裁があるのは変わりません。

アラブ世界と一線を画すイラン

ちなみに、イランの国民は「アラブ人」ではありません。彼らは「ペルシア人」というアイデンティティを強く持っています。公用語もアラビア語ではなくペルシア語です。ペルシアとは、紀元前6世紀に成立した古代オリエントの帝国です。古代から自分たちこそ文明をリードしてきたとの強い歴史認識があるために、イラン人は非常にプライドが高いのです。

そのため、彼らにとってアラブ人は、半分冗談混じりですが「ラクダよりはちょっとマシ」くらいの存在です。自分たちがアラブ人と間違われることを一番嫌います。逆に、アラブ人もイラン人と間違われるのを嫌います。

アラブ人とイラン人が唯一意見が一致するのは、自分たちは「トルコ人よりは、マシだ」という点です。

トルコ人はとても集団主義的で、日本人の気質に似ており、アラブ人ともイラン人ともつきあったことのある私からすると、トルコ人が一番しっくりくるのですが。

第4章　イスラム過激派とは何者か

最近の呼称は「ジハーディスト」

イスラム過激派とは、文字通り過激な手段を用いるイスラムの人たちを指しますが、最近では「ジハーディスト（ジハードをする人）」という呼称が一般的です。

「ジハード」という言葉はイスラム教の教義に登場します。本来は「努力する」という意味です。内面の努力をしっかりして、神の教えに従って生きることを言います。

たとえば、自分の欲望を抑えて他者のために尽くす、しっかりラマダン（断食）をする、お祈りをする、勉強をするといったことです。

しかし、ジハードの一部として、自分の故郷が侵略を受けたときには、頑張って戦いなさいという内容も、たしかに記されています。

そのため、ソ連のアフガニスタン侵攻のような、明らかな侵略に対して戦う大義が生まれます。こちらの意味のジハードのほうが国際社会の表舞台に出てくることが多く、「ジハード＝聖戦」という理解が浸透してしまったのです。

イスラム原理主義＝過激派ではない

イスラム原理主義という言葉も、よく耳にすると思います。イスラム原理主義＝過激派の思想というようなイメージを持っている人もいますが、これは誤解です。

そもそも「原理主義」という言葉も表現としては不適切で、学界でもたびたび議論になっています。

たとえば、昔のキリスト教徒は聖書を全面的に信じていました。ノアの方舟などの伝説も含めて信じていたわけです。しかし、近代に入って中東地域の研究が進むと、ノアの方舟のような洪水伝説は、数多く存在する事実が知られるようになりました。そういったことを通して、聖書を文学や歴史文書として読むという立場の人も出てきます。

そうした流れに反発し、聖書を字句通りに受け入れるという立場を強く主張する人々も出てきました。これが原理主義で、英語で「ファンダメンタリズム」と言います。

つまり、聖書をそのまま信じる人が、キリスト教原理主義者です。そしてイスラム教徒は、全員がコーランを神の言葉そのものだと信じています。となるとイスラム教徒は誰もがイスラム原理主義者なのです。

そのため、原理主義者という言葉で、ある思想の人たちを区別することはできず、この言葉は学界では不人気です。イスラム研究者からは、「イスラム復興運動」などといった呼び名も提唱されています。しかし、そうすると、このような思想の持ち主は、「イスラム復興運動者」となります。なにか体育の先生のようです。私の耳には不自然に響きます。

メディアは原理主義という言葉が好きなようで、イスラム教を政治的に使おうとしている人たちを指して、原理主義者と呼んできたのです。

しかし、トルコのエルドアン政権のように、イスラム教の教義をしっかり守りながらも、平和的に政治を行ってきた国もあります。そういう人たちも原理主義者に違いないのですが、それでは暴力的に国家建設をしようという過激派と区別がつきません。

そこで、最近は過激派を「ジハーディスト」と呼ぶようになったのです。

背景にあるのはヨーロッパの移民問題

ジハーディストの大半はチュニジアやサウジアラビアなどの北アフリカ・中東出身で

すが、ヨーロッパからもかなりの数が参加しています。その多くは、祖父や父たちがヨーロッパに移住したものの、社会に溶けこめなかった2世、3世たちです。

欧米にもちゃんとモスク（教会）はありますが、祖父や父親の世代にできたモスクだと、説教はアラビア語やウルドゥー語です。聞いてもさっぱりわかりませんから、おもしろくありません。

まして、学校でも成績が悪い、あるいはイスラム系ということで就職先もないなどの差別も受けます。だったら祖父や父の国に帰ればいいのかもしれませんが、実際のところ、大人になってからイスラムの国に帰っても、うまく適応できません。

そういう八方ふさがりの人たちが、イスラム国のような組織のウェブサイトを見ると、「君は戦わなくていいのか？」などと英語で記してあります。すると気持ちが焚きつけられ、ジハーディストになってしまうのです。若い世代のジハーディストへの流入には、英語メディアの存在がかなり強く影響していると言えるでしょう。

こうして移民の2世や3世が銃をとるのは、イスラム過激派だけの現象ではありません。いまは、クルド人のゲリラがシリアで戦っています。その中にはドイツに移住した

3世などが多く、ドイツ社会に適応できず生活がうまくいかないため、クルドのために戦うなどと言って参加した人たちです。女性兵士もかなりいます。

このように、ジハーディストなどが増える背景には移民問題があります。つまりヨーロッパがかかえる問題が投影されているのです。

紛争のたびに量産されてきたジハーディスト

戦争に参加したことで社会的に不適応となり、ジハーディストとして戦い続ける例が多くあります。実際、イスラム諸国で紛争が起きるとジハーディストが量産される傾向があり、1979年から10年間続いたアフガニスタン侵攻では、何万人も生まれたと言われています。このときは、ソ連への対抗手段として、アメリカがイスラム義勇兵の組織・訓練に大きな役割を果たしました。

当時、アフガニスタンを救おうという「勤王の志士」がイスラム世界から続々と集まり、パキスタンから出撃しました。アメリカは資金や武器をどんどん提供し、それを支援し続けました。アルカーイダの指導者だったオサマ・ビンラーディンも、資産家の子息ながらソ連との戦いに加わりました。

その後、1989年にソ連軍がアフガニスタンから完全に撤退しました。当然、義勇兵は必要なくなりますので解散し、それぞれの国に帰ります。

私たちの感覚からすれば、戦いが終わってなにより、あとは普通に暮らそうとします。ところが、ジハーディストの場合そうはいきません。

たとえば、オサマ・ビンラーディンにしても、アフガニスタン紛争に参加したのは20歳くらいのときです。その後、10年間戦いましたから、終了時には30歳。普通ならば、会社でボチボチ責任ある立場をまかされたり、職人ならば一人前になる年齢です。

しかし、10年間も戦闘しかしてこなかったら、そのスキルは戦うことしかありません。帰国して仕事を探しても景気は悪いですし、就職面接で「ワープロを打てますか？」と聞かれても、返せる答えは「バズーカ砲なら撃てます」。これでは仕事が見つかるはずがありません。もはや完全にミスフィットなのです。

そしてイスラム諸国を見回すと、一部の人だけがアメリカと組んで豊かさを享受し、大衆は貧しいままです。「これは俺が立つしかない」と考えるのは無理もないのです。

勝っても負けても大変な軍隊の扱い

軍人として戦場を経験した人の社会復帰が難しいのは、アメリカでも同じです。たとえば、アメリカ軍の特殊部隊などは死ぬほど厳しい訓練を受けて戦地に赴き、何年か戦って帰国します。その後、平穏に暮らせるかというと、それがなかなか難しいのです。普通の民間会社では雇ってくれない、あるいは給与が安いとなると、彼らの多くは、「ブラックウォーターUSA」といった民間傭兵《ようへい》会社に流れていきます。

民間傭兵会社は給料が高いからという理由だけでなく、銃を持つとアドレナリンが出てきて、たまらない高揚感を得られるからという人もいるでしょう。

ダグラス・マッカーサーは退任時、「老兵は死なず、ただ消え去るのみ」という名言を残しました。が、じつは戦士たちは消え去りません。いったん戦士を作ってしまうと、ずっと戦い続けるのです。

軍人たちの社会復帰を支援するのはかなり重要な問題で、アメリカは第二次世界大戦後に「GIビル」という奨学金制度を設けて、大学への進学を後押ししました。しばらく大学のキャンパスにいれば、しだいに血の気の多さも落ち着くだろうと考えたからです。また大学で新しいスキルを身につけさせようともしたのです。

一度強い軍隊ができてしまうと、兵士個人のレベルでは、戦いたいという欲求が生まれます。同時に、為政者のレベルでは、何か外交問題が起これば軍事的に解決すればいいと安易に考える傾向が出てきます。戦争で負けるのは大変ですが、勝ったとしても強くなった軍隊をどうするかという問題が残るのです。

過激派の代表格アルカーイダ

イスラム過激派と聞いてまず思いつくのは、アメリカ同時多発テロ事件を行ったアルカーイダでしょう。アルカーイダは、1990年代にオサマ・ビンラーディンが中心となって立ち上げたスンニー派の過激派組織です。

前述したように、オサマ・ビンラーディンは、アフガニスタンに侵攻したソ連軍との戦闘に参加した人物です。ソ連軍撤退後に、故郷であるサウジアラビアに帰国しました。すると、ほどなくして湾岸危機が始まり、イラクの脅威から守るために、サウジアラビアにはアメリカ軍が駐留するようになりました。サウジアラビアは、イスラムの2大聖地であるメッカとメディナのある聖なる国です。日本風に言えば「神州」です。その土地へのアメリカ軍の駐留に、オサマ・ビンラーディンをはじめとするイスラム急進派は激怒しました。そしてアメリカへの憎悪を募らせていきます。

その後、彼らはアフガニスタンに拠点を移し、主に反アメリカを掲げるテロ活動を活発化させます。そして2001年にはアメリカ同時多発テロを引き起こします。この事件により、一気に過激派のいわばトップ・ブランドに躍り出たのです。

このアルカーイダを受け入れたのが、ターリバーンという勢力でした。

ターリバーンやアルカーイダを敵視する立場から見れば、アルカーイダは、ターリバーンというがんに寄生しているがん細胞といった存在です。ターリバーンには一応実態があり、一時期はアフガニスタンの領土も押さえていました。アルカーイダは、そこに寄生していたわけです。

もう少し詳しく言うと、アルカーイダは最初はターリバーンの客人でしたが、やがてターリバーンのアフガニスタンを統一しようとする戦争に加担し、パートナー的な役割を占めるようになっていきました。そしてアメリカの要求にもかかわらず、ターリバー

中東・アフリカ地域の主なイスラム過激派

ンはアルカーイダの幹部の引き渡しを拒絶したわけです。

２０１１年5月に指導者のビンラーディンがアメリカに殺害されると、アイマン・ザワーヒリーというエジプト人が後継者となりました。

現実主義で国際社会を生き延びる

アルカーイダはアフガニスタンに進駐したアメリカ軍から徹底的に攻撃され、メンバーの多くが逃走しました。その逃走先のひとつがイランです。

イランは国民の9割をシーア派が占める国ですから、本来はアルカーイダの敵です。しかしながら、じつはビンラーディン一族のうちのかなりの数が、イランにいた過去があります。そのため、アルカーイダはイランではテロ活動をまったくしません。

助けてもらっておきながら、シーア派だから殺すというのは理不尽にすぎます。またアメリカのほかにイランまで敵に回しては、とても存続できません。そういう意味で、アルカーイダは現実的に行動する組織なのです。

そのような現実主義を、イスラム国に参加する若い人などは嫌うのでしょう。

イランにしても、パキスタンにしても、国の運営には表と裏があります。それを巧妙に操り、何らかの理屈をつけながら、アルカーイダは国際社会を泳いでいるわけです。

これに対し、イスラム国などには、裏の理屈がありません。真っ向勝負しかしない鉄砲玉のようなもので、わかりやすいと言えばわかりやすい人たちです。

息を吹き返したターリバーン

ジハーディストたちは、とても厳しい戒律を自らに課しているという印象があります。これはターリバーンによる影響が大きいと思われます。彼らにとってターリバーンはかなりいい政権でしたから、そのマネをしようというわけです。

ターリバーンの起源も、ソ連のアフガニスタン侵攻に遡《さかのぼ》ります。当時、多くの義勇兵が立ち上がってソ連を追い出したのはいいのですが、今度は内輪もめを始めて内戦状態に陥りました。それを憂い、治安と秩序の回復を目指して、イスラム神学校に行った人たちが結成した組織が、ターリバーンです。アラビア語で「神学生」を意味します。

このとき、彼らを助けに現れたのがアルカーイダです。アフガニスタン侵攻が終わって一度はそれぞれの国に帰ったものの、適応できなかった人たちが再結集したのです。

当時、ターリバーンは少数民族の抵抗にあってかなり苦戦していましたので、アルカーイダの支援はありがたかったでしょう。

また、パキスタンも援護射撃に加わったことで、なんとかターリバーンが政権を奪取します。住民も一時期は彼らに期待しました。しかし、あまりに厳しい戒律を強要し、娯楽の禁止、女子教育の禁止といった政策を進めたことで、しだいに批判されるようになりました。

その後、アルカーイダのメンバーがアメリカ同時多発テロ事件を起こします。オサマ・ビンラーディンをはじめとする容疑者たちは、アフガニスタンに身をひそめました。恩義のあるターリバーンがアルカーイダをかくまったのです。その結果、国際的な非難が高まり、アメリカを中心とした有志連合諸国の攻撃によってターリバーンはアフガニスタンから追い出されました。

しかし現在は息を吹き返しました。アフガニスタンの北部半分は政府が押さえていますが、南部のかなりの部分は、ターリバーンが押さえています。今後、アフガニスタン政府とターリバーンが、どのように交渉するのか。アフガニスタンの大きな課題です。

なお、ターリバーンはアフガニスタンとパキスタンというエリア限定のブランドで、アルカーイダのような国際組織ではありません。

また、ターリバーンにも、アフガニスタンのターリバーンとパキスタンのターリバーンがあります。両者は別組織です。これまで説明してきたターリバーンは、アフガニスタンのターリバーンです。ノーベル平和賞を受賞したパキスタンの少女、マララ・ユスフザイを襲ったのは、パキスタンのターリバーンのほうです。

理想は7世紀ムハンマドの時代

ジハーディストに限らず、イスラム教徒には、非常に厳しい戒律を自らに課すというイメージがあると思います。これはイスラム教徒が、預言者ムハンマドの時代（7世紀）を理想化する傾向が強いからです。

たとえば、禁酒や豚肉の禁止などはコーランにきちんと記されていますので、それを守ろうとするのです。

豚については、子どもの頃から不潔な動物との意識が埋め込まれていますので、イスラム教徒の多くは豚を文化的に受け付けません。日本人が、普通の状況ではネズミの肉を食べようとしないのと同じようにです。

これだけ文明が発達し、豊かな暮らしが実現されてもなお、当時の戒律を守ろうとするのは、心底それがいいと思っているからです。また、それが神の教えだと信じているからです。

ただし、インターネットは使うな、エアコンはダメだなどとは、コーランには記されていません。ですので、新しいものがすべてよくないというわけではなく、使えるものは使うという合理的な考え方です。もっとも、いまのイスラム世界の法制度は、すっかり西洋の法律に汚されてしまったと考えている人もいます。

女性の服装についてはいろいろ議論がありますが、ムハンマドは「慎ましい服装をしなさい」と言っています。「慎ましさ」の解釈によって、全身を隠すのか、一部だけでいいのかが変わってきます。つまり、イスラムの戒律をめぐる議論は、誰が解釈権を握るかという問題でもあるのです。

たとえば、全身を隠す「ブルカ」などは、アフガニスタンの地方の伝統です。おそらくイスラム教が普及する以前からあったものだと思われます。それがイスラムの「慎ましさ」の表現と解釈され、もっと言えば勘違いされて残ってきたにすぎません。

同じようなことは他の宗教にも見られます。日本にしても、昔からあった祖先崇拝に、後から入ってきた仏教が結びついて、死者を丁重に弔う伝統が生まれ、育まれてきました。ですが、仏教の本家であるインドでは、先祖信仰の習慣は強くありません。そもそも祖先崇拝は、仏教の教えの核心ではありません。

でも、いまや多くの日本人は、それが仏教であることに疑いを抱きませんし、いまさら声高に「勘違いだよ」と言っても仕方ありません。

これと同様に、誤解されたまま残っている伝統でも、簡単には変えられないという事情が、イスラム諸国にもあるのです。

自爆テロは現代的な現象

アルカーイダをはじめとするジハーディストは、自爆テロを実行します。ですが、本来イスラム教では自殺を禁止しています。自分の肉体は神が与えてくれたので大切だという教えがあるからです。神だけが、人間の生命を断つ権限を有していると考えられています。自殺に否定的なのは、キリスト教と同じです。

ところが、レバノンのシーア派組織であるヘズボッラーは、レバノン内戦にイスラエルを中心とした西側諸国が関与し始めると、トラックに爆弾を積み、アメリカ軍の宿舎に突っこむという自爆テロを実行しました。1983年のことです。

当時のイスラム社会では、自爆した人々は地獄に行くという議論がなされました。しかし、追いつめられたイスラム教徒が、最後の抵抗手段として自爆したのに、天国に入れないわけがないという世論が高まりました。

それにより、「地獄行き派」は声をひそめることになり、現在に至ります。つまり、自爆テロとは、きわめて現代的な現象なのです。自分たちにもF15戦闘機があれば空爆をするが、ないから最後の手段に訴えている、というのが自爆する側の理屈です。

特に近年は、「自爆しても天国に入れる」から、「自爆したからこそ天国に入れる」というところまで、英雄視されるようになりました。殉教者として高い評価を得てしまうと、実行する者が跡を絶ちません。殉教者は神の友という発想です。

イスラム諸国を訪ねると、「日本人はわかってくれるだろう、カミカゼをしたのだから」と言われることがあります。もちろん、宗教的な重なりはないのですが、劣勢に立たされた側が抵抗の手段として肉弾戦を選ぶという価値観に共感を求めているわけです。

実際、パレスチナなどで、占領地のひどい有り様を目にすると、彼らが「自爆して敵を吹き飛ばしてやる」と思う気持ちもわからなくはありません。「自分がパレスチナ人だったらテロリストになっていただろう」という主旨の発言をしたのは、ほかでもない、イスラエルのバラク元首相でした。

神の名のもとで続く凄惨な戦い

イラン・イラク戦争のとき、当初はイラク軍がどんどん攻めて、イラン軍を孤立させました。イラン軍が土地を奪還しようとしても、イラク軍がそこかしこに地雷を埋めているため、まずはそれを排除しないといけません。

そこで、イラン軍はどうしたか。子どもの首に真鍮《しんちゅう》の鍵をぶら下げ、「これが天国に入る鍵だよ」と言って、地雷原を歩かせます。そうして子どもが吹き飛んだあとに正規軍が突撃するという手段を使いました。とにかく、すさまじい戦争だったのです。

やがて子どもには将来があるから、代わりに我々が行こうと、老人たちが地雷原を歩いて道を開きました。なかには地雷に触れながら九死に一生を得た人もいます。

そうやって生き延びた人の中から、「12番目のイマーム（救世主にあたる人）が見えた」といった神がかり的な発言をする人も出てきます。

現在も、イスラム国のメンバーが自由シリア軍との戦いで自爆することがあります。

2014年9月からの、クルド人の都市コバニを攻めた戦いでも、相当数の人間が自爆テロを実行しています。

クルド人側は、イスラム国側に民間人は残っていないという前提でいるので、自動車がくれば自爆テロと断定し撃ちまくります。自爆する前に死んだ人も多いでしょう。神の名のもとで、このような凄惨な戦闘がいまも展開されているのです。

なぜ過激派を支援する富裕層がいるのか

ところで、どうして過激派を支援する富裕層がいるのでしょうか。これは主にアメリカへの反発からと考えられます。日本人の想像以上に、世界での反米感情は強いのです。たとえば、キューバのゲリラ指導者だったチェ・ゲバラのTシャツを着ている人は世界中にいます。なかにはファッションとして着ている人もいるでしょうが、アメリカへの異議申し立てという意味あいで着ている人もたくさんいます。

中東はそれが特に強い地域と考えればいいでしょう。なにしろイスラエルの占領下で多くのパレスチナ人が苦しみ、アメリカはそのイスラエルを支援しています。また、何かにつけ人権や民主主義が重要だなどと言いながら、アメリカは、パレスチナ人の権利については一向に何もしません。反発したくなるのも当然です。

そこで、自分たちが戦うつもりはないが、ジハーディストには頑張ってほしいと思う富裕層が、戦いのための資金を提供するのです。心情的には、私たちが東日本大震災の復興支援団体などに寄附するのに通じるところがあります。

万が一、過激派が国を支配するようになったら、既得権益を持つ人や富裕層に火の粉がふりかかる恐れは十分にあります。しかしながら、テロというものは遠くで見るとロマンチックに思えるものなのです。

イスラム世界統一は全アラブ人の願い

イスラム国は、「イラクとシリアのイスラム国」というもともとの名前からもわかるように、まずは両国を手に入れたいと思っています。そして、現在の名前からすると、もっと妄想が広がって、イスラム世界すべてを支配したいと考えているでしょう。バグダディも名実ともにカリフになりたいと、本気で思っているはずです。

拠点がイラクとシリアになったのは、たまたまイラクで活動を始め、シリアで成長して帰ってきたからです。もともとその辺りはオスマン帝国の一部だったわけですから、どこに拠点を置いてもさしたる違いはありません。東京か埼玉かくらいのものです。

かなり以前の話になりますが、実際に現地を訪ねたとき、レバノンの首都ベイルートからシリアの首都ダマスカスまで、タクシーで50ドルくらいでした。タクシーで5000円~6000円の距離と考えれば、中東の国どうしがいかに近いかイメージできると思います。朝食はアレッポ（シリア北部）でも、昼食はバグダード（イラク）で、夕食はダマスカス（シリア南部）で、まったくおかしくない距離にあるのです。

「こんなに狭い土地に小さな国をたくさん作ってどうするんだ」というのが、現地のリアルな感覚ではないでしょうか。実際、昔はひとつの国だったわけですから、その言い分には一理あります。

私たちは世界地図を見るとどうしても国境線に目が行きますが、実際にその地域に生活する人たちには、国境線で国を分けることの必然性は、あまり感じられないものです。

イスラム圏の人々が、イスラム世界を統一し、欧米の干渉を受けない、古き良きイスラム国家を樹立したいと願うのは決して不自然な感情ではありません。サダム・フセインが率いたバアス党やエジプトのナセル大統領もアラブ統一の看板を掲げました。これはアラブ人の悲願とも言えます。

第一次世界大戦の敗戦で、オスマン帝国が分割されたのは、わずか100年ほど前のことです。いま活動している過激派の祖父、曽祖父くらいの時代まではまだひとつの国だったのに、欧米諸国がそれを破壊したという怨嗟《えんさ》がいまだに残っています。

これは当たり前のことで、日本で考えても、会津藩（福島県の一部）の人たちはいまだに長州藩（山口県）によい感情を持っていないといいます。1868年に勃発した戊《ぼ》辰《しん》戦争で朝敵とされ、同藩を中心とした新政府軍に徹底的に郷土を壊されたと思っているからです。

1986年、長州藩の藩府だった萩市が会津若松市に対して、「もう120年も経ったので」と会津戦争の和解と友好都市締結を申し入れました。しかし、会津若松市側は「まだ120年しか経っていない」と拒絶しています。

イスラム国は、サイクス・ピコ協定の破棄を主張のひとつに掲げています。サイクス・ピコ協定とは、先述したように、1916年にイギリス、フランスとロシアがオスマン帝国の領土分割を取り決めた秘密協定です。イスラム国のメンバーが「オスマン帝国の分割からまだ100年も経っていない」と考え、イギリス・フランスが基礎を作った体制に牙をむき、イスラム世界の統一を願うのは、けっして荒唐無稽なことでも誇大妄想でもありません。

イスラム教が特別に戦闘的なのではない

イスラム過激派によるテロが相次いでいるために、イスラム教は過激で暴力的、どこでもテロや戦争を引き起こす危険な宗教というイメージを抱いている人は少なくないと思います。たとえば2015年1月にも、預言者ムハンマドを風刺する漫画を掲載したパリの新聞社が襲撃され、12人が死亡する事件が起きました。

しかし、それは最近の出来事しか見ていないからで、どの宗教や国にも過剰な戦闘性は存在します。

たとえば、過去にレコンキスタという戦争がありました。スペイン語で「再征服」という意味で、イスラム教徒に支配されたイベリア半島を、キリスト教徒が奪還しようとした戦いです。718年に始まり、なんと1492年のグラナダ陥落まで続きました。1492年はコロンブスが西インド諸島に到達した年でもあります。

結果的に、ちょうど戦闘を終えたレコンキスタの「聖戦士」たちが、次にラテンアメリカになだれこみ、マヤやインカなどを征服していきました。昔からこのような構図は変わっていません。どの国もたどってきた道なのです。

日本の帝国陸軍にしても同じです。誕生した当初はもっぱら国内の治安維持や反乱の鎮圧にあたっていましたが、しだいに力をつけ、1894年の日清戦争、1904年の日露戦争で勝利しました。その後もどんどん組織が強くなり、日中戦争・太平洋戦争につながったのはご承知の通りです。

あるいはベトナムもそうです。ホー・チ・ミンを指導者とする軍隊は、1930年代に宗主国のフランスと戦っていましたが、第二次世界大戦で日本軍が侵攻すると、今度は日本との戦いに突入します。そして大戦が終わるとインドシナ戦争で再びフランスと戦います。

それに勝利してやっとフランスを追い出したら、今度はアメリカがやってきてベトナム戦争となりました。それで、ついに終わりと思いきや、続いてカンボジアに侵攻しました。それを非難した中国軍が攻めてきたので中越戦争も戦いました。とにかく、戦争ばかりしてきました。

最近の紛争は多くがイスラム圏で起きているため、イスラム教は戦闘的な宗教だという認識が広がっているにすぎません。他の宗教やイデオロギーの人々も、歴史的には同じような、むしろもっと激しい戦争を繰り広げてきました。イスラム教が特別に戦闘的な宗教であるわけではありません。

世界中にあるイスラム教徒への偏見

イスラム国のもとに集まるのは、やはりほとんどがイスラム教徒です。

２０１４年10月には、北海道大学の学生が警視庁公安部から事情聴取を受けて注目されましたが、それは極めて稀なケースです。ただし、日本人にも、外国人部隊の傭兵として戦争に参加した人の例は過去にありました。

また、同時期の２０１４年10月に、カナダ議会で銃乱射事件が起きました。容疑者はイスラム教に改宗していたらしいのですが、イスラム国との関係はわかっていません。

世界各国が過激派への対策は実施していますが、ウェブサイトを見て「よし、戦おう」と思う個人を止めるのはかなり困難です。

またそもそも、彼らはイスラム教徒であるがゆえに大きなニュースになっているという面があります。アメリカでは銃乱射事件がしょっちゅう起きていますが、それをキリスト教徒によるテロとは報道しません。精神的に何か問題を抱えていたのかは話題になりますが、その人物の宗教が問題にされたりはしません。どこか不公平な感じがします。

イスラム教徒への偏見は世界中にあります。特に同時多発テロ事件後のアメリカでは、名前がアラブ系なだけで要注意人物とされたり、頭にターバンを巻いたシーク教徒がイスラム教徒のテロリストと間違われて殺されたりといった事件が起きています。

イスラム教は、禁酒、豚肉の禁止といった戒律から特殊な宗教だと思われがちなのですが、どの宗教にも何らかの特殊性はあるものです。仏教にしても、本来は禁酒ですし、肉や卵の摂取も禁じられています。

要するに、イスラム教徒の多くが真面目に戒律を守っているから、特殊に見えるだけです。なかには日本に留学して豚肉が大好きになって帰国する人もいます。一口にイスラム教徒と言っても、いろいろな人がいるのです。

アメリカで最も信者が増えている宗教

現在、イスラム教徒の数は世界的に増加傾向にあります。特に発展途上国がそうで、それらの国は人口増加も著しいので、イスラム教徒が新たなイスラム教徒を生んでいるような状況です。

一方でキリスト教には、やはり欧米の宗教というイメージがあり、搾取する側の宗教と見なされがちです。他方、イスラム教には、搾取されている側の宗教というイメージがあります。どちらかを選ぶとなると、どうしてもイスラム教が優勢になります。

じつはアメリカでも、イスラム教が、いま一番信者が増えている宗教と言われています。これは、移民としてイスラム教徒がたくさん流入しているという理由が一番にあるのですが、黒人がキリスト教からイスラム教に改宗する例も増えています。

キリスト教は愛を説く宗教ですが、黒人は長く人種差別の対象となり、いまでも人種差別の問題は解消されていません。白人が説くキリスト教の愛が、黒人にとってまがい物と感じられてもおかしくはありません。

そこで、白人の宗教であるキリスト教は白人に返し、黒人はイスラム教に改宗せよという動きが出てくるわけです。アンチ・キリスト教からイスラム教へという流れです。キリスト教からイスラム教に改宗した黒人で一番有名なのは、ボクシングの世界チャンピオンだったモハメッド・アリでしょう。マルコムXという名のカリスマ的指導者も、キリスト教からイスラム教に改宗しています。

なお、黒人の間では「改宗」ではなく、「回宗」という言い方をすることがあります。アフリカにいた自分の祖先はもともとイスラム教徒だったのではないかと考える人がおり、宗教を変えるのではなく、本来の宗教に戻ったという表現です。

イスラム教徒は多産なのか

東南アジアでは、マレーシアが、人口の約6割がイスラム教徒です。インドネシアも、人口の約9割がイスラム教徒です。世界で一番イスラム教徒の人口が多い国はインドネネシアです。両国でイスラム教徒が多いのは、多産だったという理由があります。

しかし、近年は両国ともに生活水準が上がり、少子化の傾向にあります。そんなに遠くない将来、世界で一番イスラム教徒の多い国はパキスタンになるでしょう。

イスラム教徒は多産傾向が強く、それは多産を推奨しているからだという議論もありました。しかし一般的に所得の低い人たちは多産であり、発展途上でまだ低所得者層の多い国の宗教がイスラム教だった、というのが実情だと思います。

一時期、イラン人はとても多産でした。このままでは、経済的な破綻を招きかねないと懸念した政府は、人口抑制に乗りだしました。子どもが減れば、生活が良くなるなどと、宗教指導者も啓蒙活動に協力し、一気に子どもが減りました。

現在のイラン政府は、いまは人口を増やそうと方向転換を図っています。ところが、子どもはあまり増えていません。イランの人口動態を規定しているのは、じつはイスラム教ではなく、教育の普及、なかんずく女性の教育水準の上昇だと考えられています。

現在イランの大学では、女子学生の数が男子学生を上回っています。

「喜捨」に感動して入信する人も

ところで、なぜイスラム教への改宗が増えているのかという理由の説明のひとつに、「喜捨（ザカート）」があるようです。

イスラム教は、「隣人を助けなさい」という教えを一生懸命に説いている点が特徴として挙げられます。貧しい人を助ければ、天国で神が報酬をくださるという教えです。貧しい人、困っている人を助ければ、来世で自分が助けられるのです。

先日、東京都内のモスクが、日本の市民組織と協力して池袋で炊き出しをしているのを取材しました。200名以上のホームレスのかたがたへの夕食の提供でした。都会の眩《まぶ》しいほどの豊かさの中では、ホームレスの存在が、ひときわ痛々しく思われます。また貧困の闇が、いっそう暗く見えます。

それだけに、その闇に明かりを灯《とも》そうとする日本人と外国人のイスラム教徒の努力が、このうえもなく尊く思われました。一人一人に丁寧に食事を手渡す様子に心を動かされました。熱心にホームレスを支援する姿に、感じ考え思うところの多い取材でした。

北京のモスクを訪れたときも、イスラム教徒が身体障害者などにお金を渡すところを目にしました。

隣人のために喜んで自分の富を分け与える。これが喜捨です。「喜んで捨てる」のは建て前ではなく、本当に気前よく施しをしているという印象を受けます。

中国では「飢饉があるたびにイスラム教徒が増える」という認識もあるそうです。イスラム教徒に助けられた人々が、イスラム教に惹かれるのは、ごく自然のことです。同時に、他人の苦しみを自分のものとして喜捨に努めなさいという教えの崇高さに感動して入信した信徒も少なくありません。私自身が、そうした改宗者に出会っています。

イスラム教の教義はわかりやすい

現在、ラテンアメリカ系の人たちの間にもイスラム教は広がりつつあります。彼らはもともとカトリックですから、キリスト教の原理主義に傾倒する人もいますが、イスラム教への改宗者もいるようです。

これには、キリスト教の教義がけっこう難しいという理由があるでしょう。つまり、「神と子と聖霊はひとつ」という三位一体が理解しにくいのです。

父なる神を信仰するという点では、イスラム教もキリスト教も同じですが、キリスト教の場合、神の子であるイエスもいれば、神と同等の聖霊もいます。唯一神だけれども3つの様態があるというのは、どうにも理解が困難です。

また、聖書を読むとイエスはしょっちゅう苦しんでいます。神の子がこんなに苦しむのか、やはり人間じゃないのか、という議論はずっとなされてきました。そして、もし神の子が人間だとすると、父である神もやはり人間ではないのかという議論にも発展します。こうした論理的なひっかかりを、信仰によって乗り越える必要があります。

その点イスラム教は、唯一神アッラーがいて、その預言者（神の言葉を聞いた人）がムハンマドであるという位置づけです。ムハンマドは普通の人間として亡くなったという構造になっており、わかりやすい論理です。

これはユダヤ教も同じで、唯一神ヤハウェのほかに神様はいません。

イエスが神の子と教えるキリスト教は、この一点でユダヤ教やイスラム教と異なっています。それゆえにキリスト教を信仰する、という方もおられるでしょう。

なおイスラム教では、イエスは人間で、神に選ばれた預言者の一人と理解されています。アラビア語でイエスはイーサとなります。イーサは、イスラム教徒に多い名前です。

アフリカの新興勢力ボコ・ハラム

イスラム教徒は7世紀に爆発的に増えましたが、帝国主義の時代に鉄道網が敷かれたことで、さらに世界各地へと広がりました。アフリカはその一例で、この100年くらいの間にイスラム教の広がりが加速しています。

中西部にあるナイジェリアは、北部のイスラム教徒、南部のキリスト教徒に大きく分かれています。2000年代に入ると、「ボコ・ハラム」というイスラム過激派が組織され、キリスト教徒を狙ったテロを起こすようになりました。

この組織は、アルカーイダの影響を受けていると思われますが、最近はイスラム国のブランド力が上がってきて、そのマネをしようとしている節があります。

たとえば、2014年4月には学生寮を襲撃し、240人の女性生徒を拉致しました。その後、「奴隷として売り飛ばす」という犯行声明を出しています。

ボコ・ハラムも、ナイジェリアにイスラム国のような地域を作りたいと思っているのでしょう。また、女性の西洋的な教育に反対しているのも類似点です。

その他の過激派としては、アルジェリアやモロッコを拠点とする「マグレブのアルカイダ」、ソマリアの「アルシャバブ」といった組織があります。

その大半はアルカーイダ・チェーンですが、世代交代が起きると若い指導層がイスラム国になびく可能性も強まるでしょう。

フランス連続テロ事件が照らし出した亀裂

前述したように、テロリストの兄弟によるパリの新聞社「シャルリー・エブド」襲撃事件では、12人が犠牲になりました。また別の犯人による警察官襲撃、スーパー襲撃が続きました。その後、新聞社を襲撃した兄弟もスーパーを襲撃した犯人も警察に射殺されました。結局、合計17人の犠牲者を出す惨事となりました。これに抗議して「表現の自由」を訴えるデモがフランス全土で行われ、370万人が参加しました。

いかなる理由のもとでも、テロは許されません。しかし、偶像崇拝を禁止するイスラム教では、預言者の姿を絵にすること自体がタブーです。しかもそれを茶化すのは、全イスラム教徒の感情を害する行為です。

襲撃された週刊紙の前身は「ハラキリ」という月刊紙でした（のちに週刊化）。「ハラキリ」はドゴール大統領の死を茶化して発行停止になっています。フランスの愛国者にとってのドゴール以上に、イスラム教徒にとって預言者は大切な存在です。そもそも風刺とは権力者や強者を茶化す行為であって、弱者をいじめるのは真の風刺ではありません。表現の自由は重要ですが、それが尊重されるためには、節度も重要なのです。

事件の1週間後に、「アラビア半島のアルカーイダ」という組織が犯行声明を出しました。間の抜けた声明のタイミングは、何を意味するのでしょうか。その信ぴょう性に疑問符が付きます。テロリストたちが、勝手連的に動いたのではないでしょうか。

今後、外からのイスラム過激派の入国は、厳しく監視されるでしょう。しかし既に内にいる過激派の勝手連的なテロを防ぐのは難しいでしょう。この連続テロ事件は、ヨーロッパという社会が抱える深い亀裂を照らし出しました。テロ事件の背景には社会に順応していない移民系の人々の存在があります。移民排斥運動の高まりが懸念されます。

第5章 イスラム国と国際情勢

シリア問題をどう片づけるか

現在、反イスラム国という点で世界各国の足並みはそろっています。この問題はイラクとシリアの安定化という課題を避けては通れません。その点において、各国の思惑が交錯しています。

特に問題なのはシリアで、まずはアサド政権を倒すべきというトルコなどの理想論がひとつ。そうは言っても倒れないのだから、まずはイスラム国からというアメリカの現実論がもうひとつ。この亀裂が埋められていない状況です。

トルコの認識では、アサド政権が諸悪の根源で、この政権を倒さなければ根本的な問題の解決はありません。他方アメリカの議論によれば、アサド政権を倒して民主的な政府ができれば素晴らしいのですが、それまでには長い時間がかかりそうです。その前にイスラム国の脅威に対処する必要があります。

現実を言えば、もはやイラクという国もシリアという国もなく、実質的にはバラバラになっている状態です。

シリアは実際は、アサド政権の支配地域と反アサド政権の地域に分裂しています。もっと悪く考えると、アサド・シリアとごちゃごちゃシリア、といった感じでしょうか。イラクにしても、南部から中部にかけてのシーア派の中央政権の支配地域、北部のクルド人の地域、そして中部のイスラム国の支配地域に3分されています。

アサド政権を倒すのは困難

アサド政権はおそらく倒れないでしょう。ロシアとイランが倒させまいとしていますし、本人たちも必死ですから打倒は困難です。

アサド勢力を応援して戦っている組織にヘズボッラーがあります。これはレバノンのシーア派の組織です。1982年、レバノン南部へのイスラエル侵攻に対し、イランの支援でできた武装組織です。

ヘズボッラーは非常に組織化されており、政治部門、民生部門などが整っています。パレスチナのイスラム勢力であるハマスと似たような感じです。

しかも、イランから最新の兵器が入ってきますし、死ねば天国に行けると本気で信じていますので士気も高い。いつも中東で最強のイスラエル軍と戦ってきましたので、実戦経験も豊富ですし、かなりの強さを誇ります。そのため、当初は劣勢だったアサド勢力が、その加勢によって息を吹き返しました。

先述した通り、もともとアラウィー派は貧しい山岳地帯の出身です。地理的には、アラウィー派の故郷はシリア北部の海岸沿いになります。劣勢になれば、首都ダマスカスを放棄して故郷に戻り、山中の籠城戦にもちこむくらいの覚悟はあるでしょう。

しかし現状では、アサド勢力がダマスカスと故郷を結ぶラインを確保しています。それゆえに、大方が、当面負けることはないという予想をしているのです。

また、内戦が始まってすでに約4年が経過し、お互いに疲弊してきたため、部分、部分では停戦となって状況は安定しつつあります。

もっとも、国内の多くの都市は戦場となって破壊しつくされ、国内はめちゃくちゃな状態となっています。

「シリア」が「国名」から「地名」に？

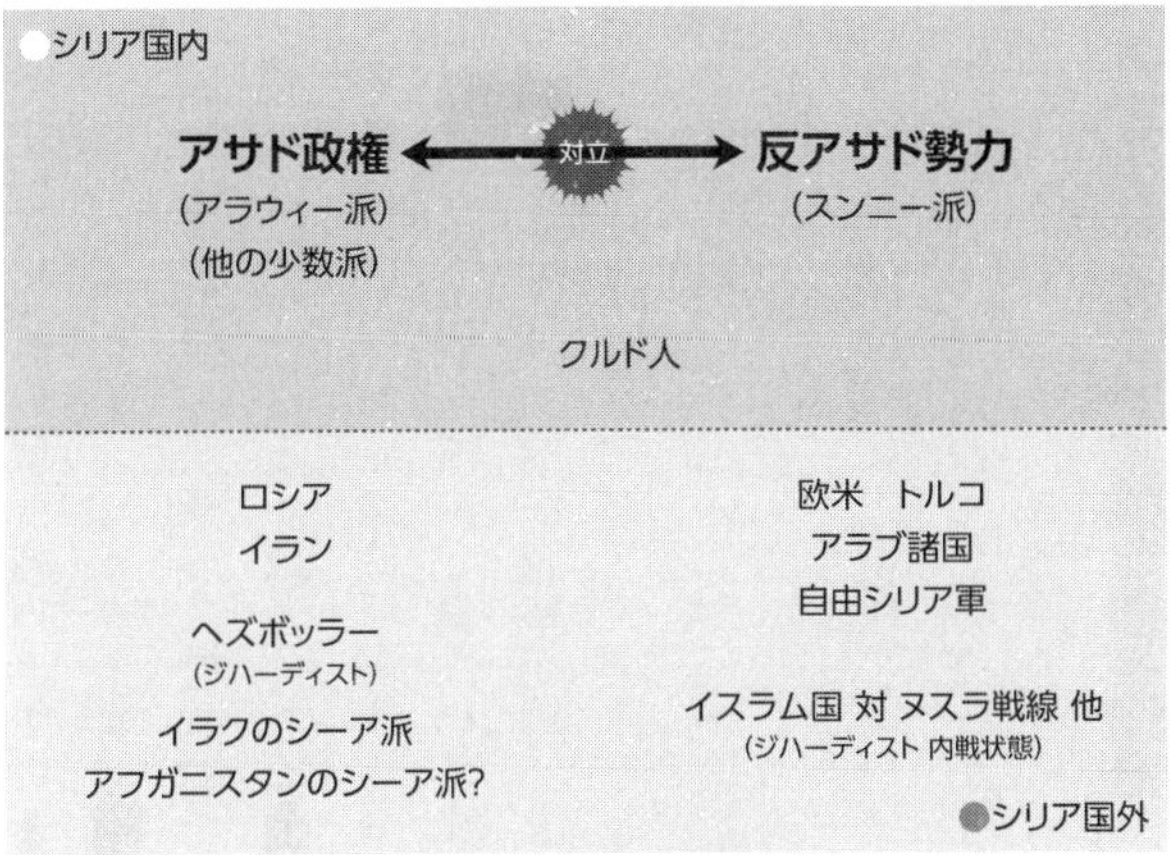

シリア国内外の勢力構図

2014年6月、政権もかなり安定してきたということで、アサドは大統領選挙を実施しました。結果は88・7%の得票率で再選されました。もちろん八百長《やおちょう》で、政権の安定度を誇示するのが狙いのショーにすぎません。

もっとも投票が行われたのは、アサド政権の支配地域だけですが。実質的にはアサド大統領が内戦に勝ったと言っていいでしょう。より正確に言えば、アサド政権は負けなかった。

しかし、離反者が出ていることも事実です。議会の議員はダマスカスにいるため、逃げるわけにいきませんが、外交官には亡命した人がかなりいます。また、軍治安関係者ではかなりの数が反政府側に寝返っています。

シリアに関しては、カタールの衛星テレビ局アルジャジーラが詳しく報道しています。その報道姿勢は、アサドに批判的です。

ちなみに、カタールはとてもお金持ちの国ですが、その理由の一端は、日本が天然ガスを高額で買っていることにあります。中部電力がお得意様です。つまり名古屋の元気が、アルジャジーラの元気なのです。

話を戻すと、アサド政権が続くということは、シリアの分裂状態が続くということです。アサド政権が、シリア全体をもう一度支配するとは、ちょっと考えられません。このままだと、「シリア」は、「国名」からたんなる「地名」に変わってしまうかもしれません。

さらに問題なのは、現在、何百万人ものシリア人が、難民となってトルコ、ヨルダン、レバノンなどに逃れていることです。この難民にいかに対応するかは不透明です。

ロシアがアサド政権を守る理由

現在は、ロシア、イランなどがアサド勢力側についています。逆に、欧米とアラブ諸国の大半は反アサド勢力です。

特にロシアはずっとアサド政権に肩入れしています。ソ連の時代からシリアとは同盟国で、シリアのタルトゥース港にはロシアの海軍基地もあるため、当然でしょう。

また、シリア、イラク、エジプトなどは冷戦時代にソ連の支援を受けており、たくさんの留学生がソ連に派遣されました。アサド故大統領、エジプトのムバラク前大統領などもソ連帰りです。

すると、留学生たちはソ連からたくさんの花嫁をつれて帰国するようになり、現在もシリアには万単位でロシア人の女性がいます。したがって、ロシアは自国出身の女性たちを守るという人道的な意味も含めて、アサド政権を支援しているのです。

また、シリアにはキリスト教徒がいることも、ロシアが親シリアである理由のひとつです。現在、プーチン大統領はロシア正教を保護し、宗教を政治に利用しています。その一環として、シリアのキリスト教徒も守るという考えがあるのです。

自由シリア軍を支援する各国の思惑

シリア問題が起きたとき、アメリカは自由シリア軍を支援しようとしました。ヒラリー・クリントン氏は、アサド政権はすぐに倒れると予想していましたし、ペトレイアスCIA長官も自由シリア軍の強化を主張していました。

しかし、オバマ大統領はあまり乗り気ではなく、静観のかまえを見せていました。自由シリア軍に武器を渡したら、それが将来的にどう使われるかわからないという懸念があったからです。

現在では、オバマの無為無策が、結果的にイスラム国の拡大を招いたと批判されています。最近では、サウジアラビア、ヨルダンなども加わって、自由シリア軍を支援しようという動きが高まっています。

支援の中身は、具体的には、高性能兵器の供与、援助の増額、諜報面での支援の強化などです。各国の諜報機関も関与しており、兵器の援助の総額は３０００万ドルを超えています。

この援助を受けて、シリア南部では自由シリア軍がすでに攻勢を開始しています。後方からこの攻勢を指揮しているのは、ヨルダンの首都アンマンに置かれた秘密の司令部です。そこではイスラエルの諜報担当者までもが参加していると伝えられています。

これまでにも、自由シリア軍の負傷者がイスラエルの病院で治療を受けているとの報道がありました。こうした報道が事実だとすると、これまでシリア内戦への関与をためらってきたイスラエルが、一歩踏みこんだ形になります。

アサド政権が倒れた場合、その後にアルカーイダのような過激派組織が権力を奪う可能性を恐れ、これまでイスラエルは積極的な介入を避けてきました。

また、アルカーイダ系の勢力が権力を掌握しないまでも、アサド政権の崩壊が権力の空白を生むのをイスラエルは懸念していました。混乱に乗じて、シリア軍の保有する化学兵器や長距離ミサイルなどが、ヘズボッラーなどの敵対勢力の手におちるのを危惧していたからです。

イスラエルの参加が、今後のシリア情勢に何らかの変化をもたらす可能性はあるかもしれません。

アメリカはハイテク兵器を供与するか

アメリカが自由シリア軍に、ハイテク兵器を供与するかどうかも注目されています。

1980年代、ソ連軍がアフガニスタンを占領していた時期、アメリカは反ソ連のゲリラたちに兵器を供与しました。そのゲリラの多くが、結局はアルカーイダになって自国を攻撃してきたという苦い経験から、アメリカはハイテク兵器の供与には消極的でした。

しかし、それゆえに現在はシリア軍が完全に制空権を掌握しており、自由シリア軍は苦しい戦いを迫られています。サウジアラビアなどは、反アサド勢力にハイテク兵器を提供するよう、長らくアメリカに求めてきました。

具体的には、ハイテク兵器とは、携帯型の地対空ミサイルです。このミサイルが、たとえばアフガニスタンではソ連軍のヘリコプターを多数撃墜し、戦場での流れを変えました。

しかし、実際に地対空ミサイルが供与された場合には、他の急進的な組織に渡って民間航空機の攻撃などに使われる可能性も否定できません。供与するにしても、その扱いは十分に注意する必要があります。

なお、アメリカではイラク中央政府軍の強化、スンニー派部族の再雇用という案も浮上しています。

しかし、イラク中央政府軍は、２００３年からずっとアメリカが支援してきたにもかかわらず、イスラム国が入ってきたとたん逃走してしまったような人たちですから、あまりあてになりません。

またスンニー派部族も、一度だまされたという思いがあるため、すんなりアメリカの提案に乗るかは疑問です。

トルコと各国クルド人の微妙な関係

世界各国からイスラム国に参加するメンバーの多くは、トルコ経由で入ってきます。トルコ政府はアサド政権を倒したいため、それに目をつむってきました。現在は「規制している」と言い張っていますが、どこまで本当なのかは議論があります。

「アラブの春」が始まるまで、トルコ政府とアサド政権は仲良くやっていました。しかし、シリアの国内問題がかなり深刻になってきたため、トルコはアサド政権に民主化するよう助言しました。しかしアサドは聞く耳を持ちませんでした。

そして内戦が、ますます激しくなりました。トルコは反アサドに転じました。トルコ国民の大多数はスンニー派ですので、なんとなく反アサドを応援したいという気持ちもあるのでしょう。

トルコはシリア内戦の影響をかなり受けている国です。ひとつにはシリアからの難民が押しよせているからです。もうひとつはクルド人問題です。

2003年にエルドアンが首相に就くまで、トルコ政府は「クルド人はトルコにいない」という立場を貫いてきました。しかし現実に、トルコ国内には1000万人以上のクルド人が居住しています。トルコ政府は、反発し独立を求めるクルド人とずっと戦ってきました。

ところが、エルドアンは宥和《ゆうわ》策に転じました。クルド人の文化的権利を認める方向に動き出したのです。具体的には、クルド語での教育を認可したり、メディアでのクルド語の使用を許可するなどの施策がとられました。

しかし、イスラム国の台頭に伴って、トルコ政府が何をしようとしているのかは不透明になっています。

私たちから見れば、シリアのクルド人を支援すれば、国内のクルド人から好印象を持たれていいのではないかと思えます。しかし、それがクルド人の独立を助長する可能性もあるため、トルコ政府は何やら奇妙な行動をとっているのです。

たとえば一方では、クルド人の町が攻撃されているのにトルコ軍が動かない、トルコのクルド人ゲリラがシリアの支援に行こうとするのを邪魔する、といったことが起きています。

他方、イラクのクルド人がシリアに行くのは問題ないという立場でもあります。イラクのクルド人とトルコ政府は、とても仲良しなのです。この問題も含め、トルコは各国のクルド人と微妙な関係を維持し、状況を見ながら舵取りをしています。

鍵を握るクルド人の動き

このように、イスラム国をめぐる問題にはクルド人の動きがかなり関与しています。

クルド人とは、アラブ人、ペルシア人、トルコ人と同じように、独自のアイデンティティを持った民族です。その生活している地域は、クルディスタンと呼ばれています。「スタン」というのはペルシア語などで、「〜人の国」とか「〜人の土地」といった意味です。ウズベク人が住んでいればウズベキスタン、アフガン人の土地であればアフガニスタンになります。

クルディスタンはイラン、イラク、トルコ、シリアなどに分割されています。クルド人の総人口は3000万人を超えます。国を持たない民族としては世界最大でしょう。

宗教としてはスンニー派が多いですが、一部にはシーア派もいます。あるいは、クリスチャンもいれば、ヤズィーディーのような少数派もいます。

クルド人がトルコやイラクなどに分断されてしまったのは、やはりサイクス・ピコ協定などにより勝手な国境線が引かれてしまったからです。クルディスタン地域にいた人たちが騒ぎ始めた頃には、時すでに遅しでした。

クルド人は、歴史的に自分たちの国を持ったことはありません。ただし、一回だけ次のような例外がありました。それは第二次世界大戦中、イギリスとソ連がイランを南北に分割・占領するという事件があり、そのときにイランの一部にクルド人の支配地域が誕生しました。しかし、ソ連軍の撤退後にすぐに潰されたため、1年間だけの支配にとどまりました。

もっとも、現在イラクの北にあるクルド人の支配地域は、実質的には国と言っていいものです。自分たちで統治し、独立した軍隊も保持しています。しかし、トルコとイランなどを刺激しないように、独立は宣言していません。

独立したいかを尋ねたら、ほぼ100％のクルド人が本音のところでは独立派だと思います。しかし「独立」の二文字は、口には出しません。言えば潰されるとわかっているからです。トルコとイランに攻撃されたらひとたまりもありませんので、そこは口をつぐむしかありません。

いわば徳川幕府時代の薩摩藩のようなもので、一応お上に従うふりはしているものの、自治的にいろいろやっているという感じです。

イラク北部のクルド地域はバブル状態

イラクの北にあるクルド人支配地域は、国内で唯一安定しています。治安もとてもよいため、イラク中から、トルコやアブダビのような中東の各地から、そしてヨーロッパに亡命したクルド人から金が集まっており、ドバイと見まがうばかりのバブル状態です。どんどんビルが建設されており、とてもイラク国内とは思えません。

クルド人はとても世俗的な民族で、文化的にはイスラム教徒ですが、お酒も飲みますし、ヨーロッパ・サッカーの話題で盛り上がったりもします。もっともサッカー好きは、中東なら、どこでも共通ですが。

また、アメリカには何度も煮え湯を飲まされていますが、それでもアメリカ万歳の人がほとんどです。イラク戦争についてはアメリカへの批判も多いです。しかしワシントンのネオコンがサダム・フセインを失脚させたのは事実です。クルド人はフセインのバアス党から酷い迫害を受けてきましたし、シーア派にしても同じです。

ですから、口に出して「アメリカありがとう」とは言いませんが、現在自分たちがあるのはアメリカのおかげという認識を持っているイラク人は多いでしょう。

アメリカのほうも、シリア情勢を改善するため、クルド勢力の強化を模索しています。アメリカとしては、アサド政権とイスラム国を一緒に倒すのは無理とわかっていますが、「アサド政権はすぐに倒せる」と言ってきた手前、それを認めるわけにはいきません。そこで、クルド人を手駒にして、まずイスラム国問題に対処しようとしているのです。

しかし、なにしろトルコとイランが独立を牽制《けんせい》していますので、一方的にクルド人の軍事力を高めるわけにはゆきません。トルコは北大西洋条約機構（NATO）のメンバー、すなわちアメリカの同盟国でもあります。

しかもクルド人が強くなりすぎると、イラクという国が分裂しかねないという懸念もあります。しかし、もはやクルド人にかけるしかないと主張する人もいます。

クルド独立を強力に支持するイスラエル

クルド人は、きちんとロビー活動もしています。ロンドン、ワシントンなど世界12カ所にクルド代表事務所という施設があり、実質上は大使館のような役割をしています。

そこを拠点にお金をばらまいたり、特定の政治家などと関係を結び、独立への支援を呼びかけているのです。

いま一番クルドの独立を支持しているのは、イスラエルです。クルド人は1950年代から独立運動をしていますが、イスラエルは陰からそれを支援してきました。

イスラエルがイスラム系の人たちを支援するというのはかなり奇妙な話ですが、クルド人とユダヤ人には、アラブ人を敵とするという共通点があります。具体的には、強いイラク中央政府は、クルド人にとってもイスラエルにとっても脅威なのです。

また、かつてクルド地域にはたくさんユダヤ人がいました。イスラエルが建国されたとき、クルド人がユダヤ人のイスラエルへの移民を邪魔しなかったことを、イスラエルの人々は感謝しています。

そのような経緯もあって、こっそりとイスラエルはクルド人を支援してきました。私はクルド地域の空港を利用したとき、その警備の厳重さに驚き、イスラエルの空港のようだと思いました。最近のメディアの報道では、イスラエルの警備の専門家が助言したとあり、「やっぱり」と思いました。さすがに国旗こそ立てないものの、イスラエルの影響力は、クルド人の地域にかなり浸透しています。

イスラエルにはクルド系の人々のコミュニティもあります。ヨーロッパ系の人を頂点とするヒエラルキーで言えば、歴史的には一番下でしたが、最近はエチオピア系移民が下になったことで、少し地位が上昇したようです。

クルド人にしても、サダム・フセインに迫害されていた時期に誰も助けてくれなかったという過去があるため、友好国を選んでいられる立場ではないという認識があります。また、イスラエルと敵対するパレスチナ人はフセインを支持していましたので、同じイスラム系とはいえ、パレスチナ人にはまったく同情していません。

これらの理由で、イスラエルとクルド人は利益を共有しているという認識で一致しています。表だってこそいないものの、実質上の同盟関係が続いているのです。

日本もクルドとの友好関係を

ブッシュ（子）政権の時代、駐イラク大使、駐アフガニスタン大使を務めたザルメイ・ハリルザードという人物がいます。この人はずっとクルド人と仲が良く、独立を容認するような発言をしています。おそらく、クルドの石油関連のビジネスに手を染めているのではと報道されています。

あるいは、著名な社会経済学者であるケネス・ガルブレイスの息子に、ピーター・ガルブレイスという人物がいます。この人もずっとクルド問題を研究しており、近年には『イラクの終わり』という本を出版しました。

「もうイラクという国はない」などとかなり大胆な発言をしており、やはり石油利権がらみでクルド人を支援していると言われています。

イラクがこの先どうなるかはまったく不透明ですが、ひょっとすると分裂する可能性もあります。日本もリスクヘッジとして、もう少しクルドとの関係を強化しておいたほうが無難だと思います。

イラク南部の油田に注目している日本は、北部でクルドと仲良くしたらイラク中央政府に嫌われるだろうと考え、クルド人と友好的になることを遠慮しています。しかし双方と上手におつきあいする方法を考えるべきだと、私は思います。

少なくとも早期に領事館を設置するなどして、日本のプレゼンスを強化するべきです。イラン、トルコだけでなく、アメリカ、ロシア、ドイツなどもすでに領事館を設置していますから、日本だけがバグダードの中央政府に遠慮する必要はないと思います。

トルコのエルドアン大統領への期待

その他の中東情勢としては、イランの核問題が一番大きい課題です。アメリカは妥協点を探っていますが、それが見つからなかった場合が心配です。

イランを爆撃するような動きはまったく見られませんが、経済制裁は続けているため、イランが孤立を深めて中国、ロシアへの接近を深める可能性はあるでしょう。

「アラブの春」後のエジプトもまったく落ち着いていません。政権が倒れるほどではありませんが、テロもありますし、観光客も減少しています。国内情勢は厳しいと言えるでしょう。

カダフィ政権後のリビアも混乱したままです。イスラム系武装勢力の攻勢が活発化しており、今後の情勢はまったく不透明です。

私が一番期待しているのはトルコです。

エルドアンという政治家が、２００３年から首相を務め、２０１４年に大統領になりました。私は30年以上にわたって、トルコとのおつきあいがありますが、エルドアンが政権を担うようになってから、国内情勢が非常によくなったのを目の当たりにしています。それ以前は本当にひどいインフレで、ホテルで支払いをすると、数百ドル程度の料金が、数億リラといった数字になって驚かされたものです。

現在はインフレも落ち着きましたし、経済も発展しました。それまでは、ちょうど日本の高度成長期のように、地方から都市にどんどん人が流入し、各地にスラムが形成されていました。誰もその面倒を見ていませんでしたが、エルドアンが中心となって、スラム地域にも、水道や電気などのインフラを整備していきました。

エルドアンは、地方ならびに都市の貧しい人々のために一生懸命頑張り、票田を固めて政権を取った人です。経済が安定して景気がよくなったため、大企業からの信頼も得ています。

問題はクルド人の反乱だったのですが、強い政権基盤を背景に、先にお話ししたように、クルド人の権利を認める方向に舵を切りました。エルドアンのスピーチを聞くと、「私はトルコ人、クルド人、その他のマイノリティすべての大統領である」といった内容を述べています。「トルコにはトルコ人しかいない」と言い張ってきたそれまでの政権とは逆なのです。

トルコで選挙をすると、クルド人の居住地域では中央政党が勝てません。クルド人はクルド系の政党に投票しますので当然です。しかし、エルドアンはそこにも入りこんで、さらに政権を盤石にしようとしています。

じつはクルド系の政党は、多くが左派です。クルド人なのでクルド人の政党に投票はするのですが、宗教的な人は、本当は左派系の思想が嫌いです。エルドアンはとても宗教的な人ですので、クルド人の権利を認めることによって、宗教的なクルド人の心をつかもうとしているのです。

エルドアンは現代のスルタン

エルドアンは、イラクのクルド地域を事実上承認して支援することで、自国のクルド人にお金が回るという仕組みも整えました。

イラクのクルド地域からは石油が出ます。そこから石油を買おうとなると、タンクローリーの運転だけでも、かなりの人手がいります。そういった石油関連の仕事で、トルコのクルド地域に住む貧しい人を雇用するのです。

その結果、トルコで一番遅れていた地域にお金が流れ始めており、しだいにエルドアンへの支持が広がりつつあります。エルドアンの公正発展党のクルド地域での勝利の日が、そこまできているという印象を受けます。

エルドアンが率いる公正発展党の基礎票は50%を少し切るくらいでした。トルコの大統領選挙では、ひとりの候補者の得票が過半数に達すれば、それで決定です。そうした候補者が誰もいない場合は、上位得票者2人による決選投票という仕組みになっています。2014年に大統領選挙が行われましたが、エルドアンは見事1回で当選を果たしました。エルドアンにクルド人の票が流れたのではないかと見られています。

ただし、イスタンブールのエリートの一部はエルドアンの政策を支持していません。トルコ共和国を建国したアタテュルクが行ってきたこと、すなわち「共和国」という枠組みの中にはトルコ人しかいないという政策を、全部ひっくり返そうとしているからです。

そのような意味では、エルドアンは共和国以前のオスマン帝国の時代に戻ろうとしていると言えるでしょう。オスマン帝国はいろいろな民族を受け入れて、勢力を伸ばしました。エルドアンはその形式に戻してトップに立つ。スルタン・エルドアンというわけです。カリフと言わないだけご愛嬌です。

２０１３年5月には、反エルドアン派の人たちによる大規模なデモがありました。エルドアンに言わせると、「やつらが騒ぐのは選挙で勝てないから」という理屈です。日本で学生運動が華やかなりし時代に、全学連がいくらデモをしようが、自民党が勝ち続けたようなもので、さほどの影響はありませんでした。事実、すでに言及したように、翌２０１４年の大統領選挙でエルドアンは圧勝しています。

ツイッターなどのインターネット系メディアを禁止したり、ジャーナリストを投獄したりと、かなり手荒いこともするため、日本ではエルドアンの強権的な部分ばかりが報道されている面があります。

しかし、エルドアンが、トルコ社会に多大な功績を残していることは事実です。トルコという国のアイデンティティを、「トルコ人の国」から「多民族からなるすべてのトルコ市民の国」に変えようとしているのです。壮大な社会的冒険者と言えましょう。

第6章 イスラム国はいつまでもつか

アメリカによる空爆の開始

２０１４年８月、イラクでのイスラム国の勢力拡大を受けて、アメリカはついに空爆を開始しました。２０１１年にイラクから撤退したアメリカ軍が、空軍力の行使のみとはいえ、再び直接に軍事介入を行ったのです。

空爆の目的は２つ、北部のクルド人地域とバグダードのイラク中央政府を守るためでした。

イラク北部に位置する第二の都市モスルを制圧した際、イスラム国は同市のクルド人地区には侵攻しませんでした。そのため、イスラム国とクルド人の間には暗黙の了解が存在すると推測されていました。つまり、イスラム国はクルド人地域には手を出さない。そしてクルド人はイスラム国を攻撃しないということです。

しかしイスラム国は、クルド人支配地域への攻勢を開始しました。相互了解が破綻したのか、そもそも了解は最初から存在しなかったのかもしれません。

クルド人の部隊は死を恐れない勇猛さで知られていますが、さほどの兵器は持っていません。ところがイスラム国はモスルなどを攻略した際に、イラク中央政府軍の最新兵器を入手しています。したがって、装備面でクルド側が劣勢に立っています。

アメリカ軍の爆撃は、このような装備面でのギャップを埋める役割を果たしています。また、山岳部で孤立しているヤズィーディーに食糧や水をパラシュートで落とすなどの緊急支援を、アメリカ空軍機が行いました。

シリアにも空爆地域を拡大

2014年9月、空爆の範囲はシリア領土にも広がりました。イスラム国に打撃を与えるには、シリアの拠点を叩く必要があるとアメリカが認識するようになったからです。具体的には、イスラム国の資金源である油田と石油関連施設などを攻撃しています。アメリカの世論調査を見ると、国民の過半数はシリアへの空爆拡大を支持しています。

また、イスラム国が大型兵器をイラクからシリアに移動させ、シリア北部のクルド人地域などに攻勢をかけてきたことも、空爆拡大の大きなきっかけです。

イスラム国が攻勢の矛先をイラクからシリアに変えたのは、イラクでは、保有する戦車や大砲などの大型兵器が、アメリカ軍による爆撃の標的になってしまうからです。そこでイスラム国は、空爆されないシリアに兵器を移動させて攻勢を始めたわけです。

現在、シリア北部のクルド人の多数が、イスラム国の攻撃を受け難民としてトルコに流入しています。またイスラム国に包囲されて、このままでは全滅させられそうなクルド人の村落もあります。そのため、アメリカはこれ以上に状況を悪化させるわけにはいかないという判断に至ったわけです。

サウジアラビア、カタール、アラブ首長国連邦、バーレーン、そしてヨルダンのアラブ五カ国も爆撃に参加しました。これもオバマ大統領の決断を助けたことでしょう。オバマは、ブッシュ前大統領の「単独でも行動する」という姿勢を批判して当選した大統領だからです。

過去の空爆と比べるとはるかに小規模

イスラム国は、アメリカが爆撃してくるとは予想していなかったかもしれませんが、考え方によってはそれを望んでいたとも言えます。

つまり、アメリカに攻撃されることで、「アメリカと戦うイスラム国家」という正統性が得られるため、渡りに船という面もあるのです。イランやアルカーイダなどアメリカに反発しているイスラム勢力はいますが、「現実に戦っているのは我々である」と、大手を振って言えるようになりました。

その意味で、彼らが一番望んでいるのは、アメリカの陸軍が戻ってくることでしょう。地上戦を派手にやれば、さらにブランド力が上がります。

オバマ大統領はそこまで挑発に乗るつもりはないようですし、アメリカの国民感情も、地上戦闘への再度の出兵に懐疑的です。むしろ、再度の地上戦闘を嫌悪していると言ってもよいでしょう。

空爆だけではイスラム国を倒せないとよく言われます。しかしここで留意しなければいけないのは、イスラム国への空爆といっても、湾岸戦争のような派手な大規模な攻撃ではないということです。湾岸戦争やイラク戦争では、1日に400波も攻撃を加えましたが、今回はせいぜい1日に数十波程度で、まったく密度が異なります。攻撃されるほうの印象としては、たまに「あ、来るな」くらいでしょう。しかも、イラクとシリアに分散しているので、感覚的には双方とも、さらにわずかなものでしょう。

空爆がこの規模にとどまっている理由のひとつは、トルコの基地が使えないからです。アサド政権を倒すためという目的ならば、トルコは基地の使用を許可するでしょうが、そうではなく、イスラム国だけが相手であるため、トルコは基地を使わせないのです。シリアに一番近い米軍基地が使えないので、地中海の空母から出撃して爆弾を落とし、空中給油などを行って帰還するという、煩雑なルートをとらなくてはなりません。パイロットも疲れるでしょう。

また、最大の問題は、膨大なお金がかかることです。湾岸戦争やイラク戦争なみに空爆をしようと思ったら、航空母艦を何隻も連れていかないといけません。あるいは、クウェートの基地を使うことなども考える必要が生じます。

いずれにしても、ようやく黒字に転換しつつあるアメリカ経済をいったんチャラにしてもう一度立て直すくらいの覚悟がないと、本格的な空爆には踏み切れません。

逆に言えば、アメリカは本音のところでは、イスラム国の脅威をまだそれほどのものとは思っていないのでしょう。かりにサウジアラビアの油田地帯が危なくなるなどの状況になれば、どれだけ経済が悪くなろうと、本気で行かざるを得ません。しかし、そこまでのことには、ならないだろうというのが、アメリカの大方の見方です。

焦点はイスラム国がどこまで南下してくるか

現在はコバニという、シリア北部にあるトルコ国境付近の都市が陥落しそうなため、その周辺を中心に空爆しています。クルド人の町です。あるいは、イラク中央政府軍が奪還を目指す町の周辺を攻撃しています。

イラク中央政府軍も空軍を持っていますので、ヘリコプターなどで空爆をしています。しかし、正確に当てる技術も、意思もありませんので、かなりの民間人が犠牲になっているはずです。この点は問題でしょう。

前述したように、イスラム国が現在支配している領土はイラクとシリアの半々くらいで、基本的にスンニー派が居住していた地域です。

２０１４年６月には、イラク第二の都市モスルが陥落しましたが、さすがに首都バグダードは守られています。バグダードは現在、シーア派で組織されたイラク中央政府軍が守っています。しかし、あまり頼りにならないということで、シーア派の民兵もそれに加わっています。テロは続いているものの、首都陥落という雰囲気はありません。

今後、イラク側の焦点は、イスラム国がどこまで南下してくるかです。現在、バグダードの北方に位置するバクーバやサマッラーでの戦闘が伝えられていますが、進撃は停滞しています。

イスラム国は破竹の勢いでモスルなどスンニー派の多い地域を制圧したのですが、南下すればするほど、シーア派の人口密度が高くなります。彼らを歓迎する土壌はまったくありません。シーア派の人たちは、スンニー派イスラム国の侵攻に対して必死で抵抗するはずです。

イスラム国のシリア側支配地域については、ほとんど有効な対策がとられていません。内戦が3年も続いたため、アラウィー派政権は故郷のある海岸線の地域と首都ダマスカスを結ぶラインに防衛の重点を置き、イラク国境側は放棄している状態です。

イラクの統一はもう無理

今後、かりにイラク政府の防衛ラインが崩壊の危機に瀕した場合には、シーア派の聖地を守るためにイラン軍の介入も予想されます。

シーア派の聖地とは、バグダードからさらに南に存在するナジャフとケルベラ、バグダード市内のカーゼマイン、そしてバグダードの北のサマッラーのアスカリ・モスクなどです。

ケルベラは、シーア派の3代目指導者であるムハンマドの孫フセインの一隊が、スンニー派の大軍に包囲され殉教した場所です。ナジャフには、シーア派の最初の指導者であるアリーのモスクがあります。そして、世の終わりに救世主が出現すると信じられているのがアスカリ・モスクです。

イランはすでに相当数の革命防衛隊をイラクに送りこんでいます。かりにイスラム国が聖地に対する蛮行を起こしそうな場合には、実戦部隊の増派も行うでしょう。

２０１４年12月には、イラン空軍がイラクでイスラム国を爆撃したとアメリカが発表しました。イランは否定しましたが、これは、対イスラム国に関しては、イランとアメリカの両国が同じ側に立っているという事実を示しています。

イスラム国の進撃が止まり、中央政府軍やクルド人が反撃を強めているというのが、2014年末の状況です。しかし、イラク中西部をイスラム国から取り戻すのは容易でないと見られています。イラクは依然として分裂したままなのです。

2014年8月には、シーア派のみを重用するなどして独裁的だとの批判を受けていたマリキ首相が、国内外の圧力に屈する形で退陣を表明しました。後任にはシーア派の穏健派であるアバーディ氏が就き、スンニー派との関係改善が期待されています。

しかし、失われたスンニー派地域を、再度バクダードの支配下に収めるというシナリオは描きにくいのが実情です。

またじつのところ、イラク中央政府軍にその力はありません。バグダードの中央政府による、スンニー派地域の短期間での奪還は、アメリカないしイランの大規模な介入によってのみ可能です。しかしながらアメリカにその意図は見られませんし、イランもそこまでの介入の意思は見せていません。となると、残されているのは現状の追認のみ、ということになります。

すなわち、北部のクルド地域、中部のスンニー派地域、南部のイラク中央政府というイラクの3分割です。

3つの独立した国家という形式をとるのか、あるいは連邦国家という体裁をとるのかはわかりません。いずれにしても、中央集権国家としてのイラクは、戻ってこないのではないかと思います。

ただし、スンニー派地域をイスラム国のような過激派勢力にまかせておくのは危険すぎるというのが、ワシントンとテヘランの共通した認識でしょう。

本気で打倒するなら各国の大連合が必要

少なくとも空爆が始まったため、これ以上イスラム国が勢力を拡大することはないと思われます。散発的な空爆では効果がないという見方もありますが、モスル近郊のダムは奪還しました。バグダードやコバニなどの都市も陥落していません。

ということは、空爆にそれなりに効果があったということです。しかし、イスラム国を支配地域から追い出すためには、地上戦を展開するしかありません。

現在も少しはアメリカの地上部隊が入っているようですが、それは空爆を正確に行うためで、航空機の誘導や管制が主な任務です。現場の近くに行く必要があるため被害も受けているようですが、大規模な損害は報告されていません。

もし本気でイスラム国を打倒しようというのならば、アメリカやトルコは、アサド政権およびその背後にいるロシアやイランと交渉すべきです。

まずはシリアでのアサド政権支配地域と反アサド政権支配地域の境界を確定し、反アサド政権地域内で穏健な勢力を支援して、イスラム国と戦わせるのが現実的です。

具体的に言うと、以下の大連合を樹立するべきでしょう。

イラク政権、アサド政権、イラン、アメリカ、ロシア、トルコ、そして反アサド政権側の内部の穏健派です。

この大連合が成立すれば、イスラム国を包囲して孤立化させることが可能となります。同時に、資金を供給してきたアラビア半島諸国に対しても圧力を加えるべきでしょう。

もちろん、決して容易な道筋ではありませんが、いくつかの明るい兆候は見えます。

サウジアラビアでは、シリアを担当していたバンダル王子が2014年に情報長官の職から解任されました。これはシリア政策の失敗を認めたともとれる決断です。

また、クウェートの首長が2014年6月にテヘランを訪問しました。これは、イランとの関係を調整したいというサウジアラビアの意向を反映したものと、解釈できる動きです。

さらには、トルコをイランのロウハニ大統領が訪問しました。トルコは反アサド勢力を、イランは逆にアサド政権を支援してきた国です。両国が何らかの歩み寄りを見せれば、イスラム国の問題もかなりの進展を見せるかもしれません。

日本を含め世界60カ国以上が反イスラム国

西側諸国も、イスラム国に対する一致した対応を求めるアメリカの呼びかけに応えています。有志連合に加わっている西側諸国は、イギリス、フランス、ドイツなどです。アサド政権やクルド人問題についての立場は分かれていますが、世界的に見て、反イスラム国という点では足並みがそろっています。

近年、西側諸国にはイスラム教徒への嫌悪感が広がっており、それが移民を受け入れない大義名分にもなっています。もちろん、根拠のない偏見もあるのですが、イギリス人を斬首するような連中に同情はできないという世論が大半です。

現在、60カ国以上がアメリカに協力する姿勢です。

イスラム世界の人々の多くも、彼らを快く思っていません。「イスラム国」などという仰々しい名称であるうえ、指導者バグダディが勝手にカリフと名乗っています。イランやサウジアラビアなどの古い世代は、おそらく「許せん」と思っているはずです。

日本はどうでしょうか。アメリカがシリア領内のイスラム国を空爆したとき、日本政府は「理解はするが支持しない」と表明しました。シリア政府の承認を得ずに爆撃したことは、国際法に違反するからです。

何とも微妙な言い回しですが、他人の不倫のようなもので、「気持ちはわかるけど、やっちゃダメだよ」ということでしょう。

もっとも、シリア政府は表向きに許可を出していないだけで、実質的に容認していたと思われます。シリア上空を勝手に飛行するアメリカ軍に向けて、地対空ミサイルなどを撃ってこないわけですから、そう考えるしかありません。

日本政府もそういう事情はわかっていたでしょうが、国内世論を考え、「日本はアメリカとは違う」ということを、見せられるときに見せておきたかったのでしょう。

あるいは、アメリカが勝手にシリアを爆撃していいのならば、ロシアがウクライナを爆撃しても止める理由がなくなってしまうので、微妙な言い回しを選んだとも考えられます。いろいろな思惑はあるにせよ、日本も反イスラム国という点では、国際社会に足並みをそろえています。

NATO加盟国ポーランドの事情

注目されるのは、ポーランドのような東欧諸国、さらにはデンマークのような北欧諸国も、反イスラム国有志連合に参加しているという事実です。

ポーランドは大型輸送機を使ったイラクへの人道援助を始めました。特殊部隊の派遣も議論しているようです。デンマークはF16戦闘爆撃機を7機とパイロットなどの要員140名をクウェートの空軍基地に送り、イラクでの対イスラム国の爆撃に参加しています。

イラクやシリアとは関係の薄そうな両国が参加したのはなぜでしょうか。もちろん大義は、国際正義の実現に寄与することですが、真の理由は別にありそうです。

まずポーランドは、アメリカに忠誠を示す必要を強く感じているからでしょう。というのも、同国はロシアの脅威を切実に感じており、「アメリカが防衛する」という強い姿勢を求めているからです。

ウクライナの紛争は、ポーランドにとっては他人事《ひとごと》ではありません。

ポーランドは北大西洋条約機構（NATO）の加盟国です。この条約では、一国への侵略をすべての加盟国への侵略と見なし、その防衛のためにアメリカを含む他の加盟国の軍隊が戦うことを義務づけています。

ということは、もしロシアがポーランドを侵略すれば、第三次世界大戦勃発の危機を覚悟の上で、アメリカはロシアに対抗しなくてはなりません。もっと具体的に言えば、ポーランドの防衛のためにアメリカ兵が血を流すわけです。

これだけの犠牲を求めている以上、できる面では徹底的にアメリカに協力するというのがポーランドの姿勢です。その親アメリカ外交は、ロシアに何度も侵略されたというポーランドの歴史的な体験を抜きには理解できません。

デンマークがイスラム国と戦う理由

それでは、デンマークはどうしてイスラム国と戦おうとしているのでしょうか。ひとつはポーランドと同様、NATOの一員としてアメリカに協力しようという姿勢の表れです。

それにデンマークには、思いのほか多くのイスラム教徒が生活しています。デンマークの人口は560万人強で、北海道の人口より少し多い程度です。そのうちの4%がイスラム教徒です。北欧が多くの移民や難民を受け入れてきた結果です。

デンマークに生活するイスラム教徒の中には、イスラム国の支持者も少数ながら存在しています。なかには中東でイスラム国の兵士として戦っている若者もいます。こうした兵士が帰国してテロを起こすのを、ヨーロッパ諸国は懸念しています。

もちろん、デンマークも例外ではありません。イスラム国の成功は、アメリカ以上に、ヨーロッパ諸国にとっても大きな脅威なのです。

また、あまり報道されませんが、ノルウェーやデンマークの石油会社が、イラク北部のクルド地域で操業しています。北欧の石油会社が北海の海底油田の開発で培《つちか》った技術力は、世界的にも高く評価されています。

イスラム国がクルド地域を支配するようになれば、石油会社は当然撤退を余儀なくされます。それを阻止したいとの経済的な利害もデンマークにはあります。

日本人が思う以上に、北欧は中東に近いのです。

じっと待っていれば内側から瓦解

アメリカなどが無理をして陸上部隊を送りこまなくとも、じっくりと時間をかけて圧力をかけ続ければ、イスラム国は内部崩壊していくでしょう。

そもそも、彼らはイスラム国という組織だけで、スンニー派地域を制圧したわけではありません。スンニー派部族、フセイン時代の軍関係者、バアス党関係者など全スンニー派によるイラク中央政府への蜂起の結果、現在のような状況に至っています。

現状が一枚岩の支配でない以上、時間が経てば、やがて内部対立を起こす可能性が高いはずです。もしそうなれば、イスラム国のメンバー以外を援助して、さらに分裂を加速させればいいのです。

また、イスラム国へのメンバー流入も、ヨーロッパの政府が規制を始めたことや、入り口となっているトルコへの国際的な圧力が高まっているため、早晩下火になるでしょう。

資金についても、カタールをはじめ、資金提供者を黙認してきたイスラム諸国家に対して、「いい加減にしなさい」という国際的な目が厳しくなってきているので、派手な動きは減少してくるはずです。

石油の販売で1日1億円入るなどと言われていますが、油田を爆撃してしまえば資金は簡単にショートします。アメリカ軍が石油関連施設の爆撃を開始した点については、すでに述べました。そして石油価格の下落も打撃になっているはずです。

イラク中央政府軍から奪った大型兵器なども、アメリカ軍などの空爆の標的とされているため、しだいに軍事力も落ちていくはずです。

住民にしても、当初はある程度受け入れたかもしれませんが、最近は恐怖政治の様相を呈してきたため、反発もあるはずです。

たとえば、イスラム国はその征服地域で、イスラム教スンニー派以外の人々に対しては、同派への改宗か特別な税の支払いを求めています。

また、命令を拒否した異教徒の殺害などの事例も報道されています。具体的にはヤズィーディーと呼ばれる少数派とキリスト教徒などが、こうした迫害の対象となっています。歴史的なキリスト教会が破壊されるなどの事件も起こっています。

イスラム国の支配地域には、数百万人規模の住民がいますから、これらの蛮行への反発を抑えておくのは容易ではありません。じっと待っていれば、内側から瓦解する可能性は十分にあると思います。

ただ懸念されるのは、第3章でもお話ししたように、フセイン時代の化学兵器です。イラク戦争の結果、化学兵器はなかったという事実が証明されました。じつはフセイン政権は、2003年のイラク戦争の開戦時には、化学兵器をすでに廃棄していました。ところが、この廃棄された化学兵器の弾薬から、イスラム国が毒性の残っている化学物質を取り出して、再利用するという可能性が懸念されているのです。

1990年代まで、イラク軍は、塩素ガス、マスタード・ガス、サリン、タブンなどを保有していたという事実が明らかになっています。つまり、そうした兵器が廃棄されているのです。

最近の戦場ではすでに塩素ガスが使われたのではとの報道も散見されます。イスラム国が、フセイン時代に化学兵器生産施設が存在した地域を支配しているのは、大いに気にかかる点です。イスラム国のために身を投じているフセイン時代の将兵の中には、化学兵器の専門家が必ずいるはずなのです。

２０１４年末には、イラク中央政府軍が、かつての化学兵器生産施設のある地域の一部の占領に成功したと発表しました。おそらくイラク中央政府軍も、化学兵器の脅威を懸念しているのでしょう。

日本がとるべき独自の道とは

本書の最後に、日本のとるべき道についてあらためて考えてみたいと思います。

イスラム国の情報収集に関して、日本は有利な立場にあります。彼らの敵意は基本的に欧米に向けられているからです。むしろ日本人に対しては、友好的な雰囲気すら感じられます。

となると、イスラム国に接近するジャーナリストや研究者の活動をあまりに縛《しば》ることは、情報面での優位を潰す結果になります。せっかくのチャンネルを塞《ふさ》ぐことのないような政策的な配慮が望まれます。日本が情報を収集できれば、それはアメリカなどにも利益になるのを忘れてはなりません。

たとえば友好的な関係を守り大使館を維持してきたイランに関して、日本は情報面ではアメリカにも負けない成果を上げてきました。１９９１年の湾岸戦争の際、フセインがイラク空軍機をイランに避難させていた事実を世界に先駆け入手したのは、日本の外交当局でした。

日本がアメリカと違う路線を歩めば、結局はアメリカのためになる場合も少なくありません。自分のためにも、そして人のためにこそ、日本は中東で独自の道を模索すべきです。

あとがき

イスラム国の出現という現象を、どう理解すべきでしょうか。

これまでお話ししてきたように、背景にあったのは２０１１年のアメリカ軍の撤退以来のイラクの混乱でした。イラクのシーア派の支配するバグダードの中央政府は、同国中西部のスンニー派地域をだんだんと掌握できなくなってきていました。

もうひとつの要因はシリアの内戦です。２０１１年に「アラブの春」と呼ばれる民主化を求める国民の運動がアラブ世界を吹き抜けました。シリアでは民主化要求は厳しい弾圧を受けました。そして、プラカードを掲げた平和的な抗議が、すぐに武器を手にした抵抗に転化しました。内戦が始まったのです。

２０１３年夏までには、イラクに隣接するシリアの東部地域は中央政府の支配から離れていました。ここも、やはりスンニー派が主流の地域です。私は、こうしたイラクとシリアの隣接する地域の混迷が連動するのではないかと懸念していました。懸念は的中しました。2014年夏に、ついに両者が共鳴し始めたのです。
この大きなエネルギーのかたまりは、既存の国家の枠組みを突き崩しました。そこに新たな「国」の樹立が宣言されたのでした。他の多くの突然の現象と同様に、イスラム国の「突然」の登場も、じつは突然ではなかったのです。

この現象を、私はまず自分自身が理解したいと思いました。自分自身に、わかるように説明したいと思いました。わかった振りをするのはやめよう。自分の「腑に落ちない」説明をしないようにしよう。そうした気持ちで私なりの理解を文字にしたのが本書です。

「わかりやすく、もっとわかりやすく、さらにもっとわかりやすく」が本書を貫くモットーです。しかしながら、同時に不正確にならないように心がけました。わかりやすさと学問的厳密さのバランスを取ろうと努力しました。

さて、出版は常にチームワークです。本書も例外ではありません。この企画を提案してくださった幻冬舎新書の小木田順子さんと編集協力者の小沼朝生さんのお力がなければ、本書は生まれなかったでしょう。

中東に関する本の出版は、目まぐるしい情勢の展開に追い抜かれてしまう危険と隣り合わせです。現実がシナリオを追い抜いてしまうかのような場面にしばしば出会います。しかし現象の底流には変わらないものもあります。その変わらないものを見すえながら、時の流れにも抗《あらが》える内容を目指しました。この無謀とも思える知的な冒険にご同行いただいた両氏に感謝します。

２０１５年の初頭に

高橋和夫

著者略歴

高橋和夫《たかはしかずお》

福岡県北九州市生まれ。

大阪外国語大学ペルシア語科卒業。コロンビア大学国際関係論修士。

クウェート大学客員研究員等を経て、現在、放送大学教授。

『燃えあがる海――湾岸現代史』（東京大学出版会）、『アラブとイスラエル――パレスチナ問題の構図』（講談社現代新書）、『イランとアメリカ――歴史から読む「愛と憎しみ」の構図』（朝日新書）、『現代の国際政治』（放送大学教育振興会）など著書多数。

幻冬舎新書 369

イスラム国の野望

二〇一五年一月三十日 第一刷発行
二〇一五年一月三十一日 第二刷発行

著者 高橋和夫
発行人 見城 徹
編集人 志儀保博
発行所 株式会社 幻冬舎
〒一五一―〇〇五一 東京都渋谷区千駄ヶ谷四―九―七
電話 〇三―五四一一―六二一一(編集)
〇三―五四一一―六二二二(営業)
振替 〇〇一二〇―八―七六七六四三
ブックデザイン 鈴木成一デザイン室
印刷・製本所 株式会社 光邦

 ISBN978-4-344-98370-0 C0295
た-19-1
幻冬舎ホームページアドレス http://www.gentosha.co.jp/
*この本に関するご意見・ご感想をメールでお寄せいただく場合は、comment@gentosha.co.jp まで。

幻冬舎新書

門倉貴史

イスラム金融入門

世界マネーの新潮流

イスラム金融とはイスラム教の教えを守り「利子」の取引をしない金融の仕組みのこと。米国型グローバル資本主義の対抗軸としても注目され、急成長を遂げる新しい金融の仕組みと最新事情を解説。

古森義久

いつまでもアメリカが守ってくれると思うなよ

アメリカに異変が起きている。軍事力を忌避し国防予算を削減させリーダーシップの発揮をためらう。「アメリカが必ず守ってくれる」はもはや夢物語だ。日本人だけが気付いていない真実を緊急警告。

浅井宏純

アフリカ大陸一周ツアー

大型トラックバスで26カ国を行く

大型トラックバスで約10カ月。世界13カ国から集まった同乗者とともに、砂漠を縦断、ジャングルを抜け、サファリや世界遺産へ。貧しくとも、人々は明るくタフだった。命がけの冒険旅行記。

守誠

ユダヤ人とダイヤモンド

「ヴェニスの商人」の高利貸しで有名な彼らは疎まれたこの仕事へどう追いやられ、ダイヤモンド・ビジネスに参入し覇者となったか。度重なる迫害でダイヤモンドが離散民族をいかに助けたか。